# Sapore Iberico

Un Viaggio Culinario attraverso le Autentiche Ricette della Cucina Spagnola

Javier Martinez

# CONTENUTO

LENCE A LA LIONESA ............................................................. 25
    INGREDIENTI ..................................................................... 25
    IN LAVORAZIONE .............................................................. 25
    TRUCCO ............................................................................. 25

LENTICCHIE AL CURRY CON LA MELA ................................ 27
    INGREDIENTI ..................................................................... 27
    IN LAVORAZIONE .............................................................. 27
    TRUCCO ............................................................................. 28

POCHAS NAVARRA ................................................................. 29
    INGREDIENTI ..................................................................... 29
    IN LAVORAZIONE .............................................................. 29
    TRUCCO ............................................................................. 30

L'OVEST ................................................................................... 31
    INGREDIENTI ..................................................................... 31
    IN LAVORAZIONE .............................................................. 31
    TRUCCO ............................................................................. 32

BABMUSAKA AI FUNGHI ....................................................... 33
    INGREDIENTI ..................................................................... 33
    IN LAVORAZIONE .............................................................. 33
    TRUCCO ............................................................................. 34

PATATA VIGILIA ...................................................................... 35
    INGREDIENTI ..................................................................... 35
    IN LAVORAZIONE .............................................................. 35

- TRUCCO .................................................................. 36
- POCHAD CON ANATRE PROFESSIONALI ........................... 37
  - INGREDIENTI ......................................................... 37
  - IN LAVORAZIONE .................................................. 37
  - TRUCCO ............................................................... 38
- ZUPPA DI ARAGOSTA .................................................... 40
  - INGREDIENTI ......................................................... 40
  - IN LAVORAZIONE .................................................. 40
  - TRUCCO ............................................................... 41
- VERDURE IN UN ADESIVO ............................................. 42
  - INGREDIENTI ......................................................... 42
  - IN LAVORAZIONE .................................................. 42
  - TRUCCO ............................................................... 43
- LICENZA MANDEN FATTA IN CASA ................................ 44
  - INGREDIENTI ......................................................... 44
  - IN LAVORAZIONE .................................................. 44
  - TRUCCO ............................................................... 44
- TORTA CALZINO E SALMONE ........................................ 45
  - INGREDIENTI ......................................................... 45
  - IN LAVORAZIONE .................................................. 45
  - TRUCCO ............................................................... 46
- CARCIOFI CON FUNGHI E PARMIGIANO ......................... 47
  - INGREDIENTI ......................................................... 47
  - IN LAVORAZIONE .................................................. 47
  - TRUCCO ............................................................... 48
- Melanzane marinate ..................................................... 49

INGREDIENTI .................................................................................. 49

IN LAVORAZIONE ......................................................................... 49

TRUCCO ......................................................................................... 50

FAGIOLI FRITTI CON PROSCIUTTO SERRANO ............................... 51

INGREDIENTI .................................................................................. 51

IN LAVORAZIONE ......................................................................... 51

TRUCCO ......................................................................................... 51

TRINXAT ................................................................................................ 52

INGREDIENTI .................................................................................. 52

IN LAVORAZIONE ......................................................................... 52

TRUCCO ......................................................................................... 52

BROCCOLI GRATINATI CON PANCETTA E AURORA ..................... 53

INGREDIENTI .................................................................................. 53

IN LAVORAZIONE ......................................................................... 53

TRUCCO ......................................................................................... 53

BOGOGAN CON GRANCHI E CONCHIGLIE NELLA PALUDE VERDE
................................................................................................................ 54

INGREDIENTI .................................................................................. 54

IN LAVORAZIONE ......................................................................... 54

TRUCCO ......................................................................................... 55

CIPOLLE CARAMELLATE ................................................................... 56

INGREDIENTI .................................................................................. 56

IN LAVORAZIONE ......................................................................... 56

TRUCCO ......................................................................................... 56

FUNGHI RIPIENI CON PROSCIUTTO SERRANO E PESTO ............. 57

INGREDIENTI .................................................................................. 57

IN LAVORAZIONE ............................................................... 57
TRUCCO .............................................................................. 57
CAULIRO CON AJOARRIERO ................................................... 58
    INGREDIENTI ..................................................................... 58
    IN LAVORAZIONE ............................................................... 58
    TRUCCO .............................................................................. 58
CAVOLFIORE ARROSTO ............................................................ 59
    INGREDIENTI ..................................................................... 59
    IN LAVORAZIONE ............................................................... 59
    TRUCCO .............................................................................. 59
DUXELLE ..................................................................................... 60
    INGREDIENTI ..................................................................... 60
    IN LAVORAZIONE ............................................................... 60
    TRUCCO .............................................................................. 60
CON SALMONE AFFUMICATO E CABRAL .............................. 61
    INGREDIENTI ..................................................................... 61
    IN LAVORAZIONE ............................................................... 61
    TRUCCO .............................................................................. 61
SEGOVIANO DELLA LOMBARDA ............................................. 62
    INGREDIENTI ..................................................................... 62
    IN LAVORAZIONE ............................................................... 62
    TRUCCO .............................................................................. 62
INSALATA DI PEPERONI ARROSTITI ........................................ 64
    INGREDIENTI ..................................................................... 64
    IN LAVORAZIONE ............................................................... 64
    TRUCCO .............................................................................. 65

- PISELLI FRANCESI .................................................................. 66
  - INGREDIENTI ..................................................................... 66
  - IN LAVORAZIONE ............................................................... 66
  - TRUCCO ............................................................................ 66
- SPINACI RICREATI ................................................................. 68
  - INGREDIENTI ..................................................................... 68
  - IN LAVORAZIONE ............................................................... 68
  - TRUCCO ............................................................................ 69
- BEBABAS CON BUTIFARRA BIANCA ....................................... 70
  - INGREDIENTI ..................................................................... 70
  - IN LAVORAZIONE ............................................................... 70
  - TRUCCO ............................................................................ 70
- FAGIOLI VERDI CON PROSCIUTTO ......................................... 71
  - INGREDIENTI ..................................................................... 71
  - IN LAVORAZIONE ............................................................... 71
  - TRUCCO ............................................................................ 71
- Stufato d'agnello ................................................................... 73
  - INGREDIENTI ..................................................................... 73
  - IN LAVORAZIONE ............................................................... 73
  - TRUCCO ............................................................................ 74
- MELANZANE DOLCI con formaggio di capra, miele e curry ......... 75
  - INGREDIENTI ..................................................................... 75
  - IN LAVORAZIONE ............................................................... 75
  - TRUCCO ............................................................................ 75
- TORTA DI ASPARAGI BIANCHI E SALMONE AFFUMICATO .......... 77
  - INGREDIENTI ..................................................................... 77

IN LAVORAZIONE .................................................................. 77

TRUCCO ................................................................................ 77

## PEPERONCINO PIQUILLO RIPIENO DI MORCILLA CON SALSA DI SCHIUMA DOLCE ................................................................ 78

INGREDIENTI ....................................................................... 78

IN LAVORAZIONE .................................................................. 78

TRUCCO ................................................................................ 78

## CARDO CON MANDORLE ................................................... 80

INGREDIENTI ....................................................................... 80

IN LAVORAZIONE .................................................................. 80

TRUCCO ................................................................................ 81

## PUGNALE .............................................................................. 82

INGREDIENTI ....................................................................... 82

IN LAVORAZIONE .................................................................. 82

TRUCCO ................................................................................ 83

## PORRO ALL'ACETO DI VEGETALI ....................................... 84

INGREDIENTI ....................................................................... 84

IN LAVORAZIONE .................................................................. 84

TRUCCO ................................................................................ 84

## PORRO, PANCETTA E CUCINA PRESSATA ........................ 85

INGREDIENTI ....................................................................... 85

IN LAVORAZIONE .................................................................. 85

TRUCCO ................................................................................ 86

## PARADISO A LA PROVENZALE ........................................... 87

INGREDIENTI ....................................................................... 87

IN LAVORAZIONE .................................................................. 87

TRUCCO .................................................................................... 87
CIPOLLE RIPIENE ............................................................................. 88
    INGREDIENTI ............................................................................ 88
    IN LAVORAZIONE ....................................................................... 88
    TRUCCO .................................................................................... 88
FUNGHI CON CREMA DI NOCI ........................................................ 90
    INGREDIENTI ............................................................................ 90
    IN LAVORAZIONE ....................................................................... 90
    TRUCCO .................................................................................... 90
TORTA DI POMODORO E BASILICO ................................................ 91
    INGREDIENTI ............................................................................ 91
    IN LAVORAZIONE ....................................................................... 91
    TRUCCO .................................................................................... 91
POLLO AL CURRY Stufato di patate ................................................ 92
    INGREDIENTI ............................................................................ 92
    IN LAVORAZIONE ....................................................................... 92
    TRUCCO .................................................................................... 93
UOVO DOLCE ................................................................................... 94
    INGREDIENTI ............................................................................ 94
    IN LAVORAZIONE ....................................................................... 94
    TRUCCO .................................................................................... 94
LE PATATE SONO IMPORTANTI ...................................................... 95
    INGREDIENTI ............................................................................ 95
    IN LAVORAZIONE ....................................................................... 95
    TRUCCO .................................................................................... 95
MOLLETO ALL'UOVO ........................................................................ 97

- INGREDIENTI ........................................................................ 97
- IN LAVORAZIONE ............................................................... 97
- TRUCCO ............................................................................... 98
- PATATA E BIANCO ................................................................... 99
  - INGREDIENTI ........................................................................ 99
  - IN LAVORAZIONE ............................................................... 99
  - TRUCCO ............................................................................. 100
- USANDO IL COCIDO DI OMLET (VECCHI VESTITI) ..................... 101
  - INGREDIENTI ...................................................................... 101
  - IN LAVORAZIONE ............................................................. 101
  - TRUCCO ............................................................................. 102
- PATATE RIPIENE DI AFFUMICATO RIPIENE DI LACACUE, PANCETTA E DIJZANI .................................................................. 102
  - INGREDIENTI ...................................................................... 102
  - IN LAVORAZIONE ............................................................. 102
  - TRUCCO ............................................................................. 103
- CROCCHETTE DI PATATE E FORMAGGIO ................................ 103
  - INGREDIENTI ...................................................................... 103
  - IN LAVORAZIONE ............................................................. 103
  - TRUCCO ............................................................................. 104
- BUON FRITTO FRITTO ............................................................ 105
  - INGREDIENTI ...................................................................... 105
  - IN LAVORAZIONE ............................................................. 105
  - TRUCCO ............................................................................. 105
- UOVO ALLA FIORENTINA ...................................................... 106
  - INGREDIENTI ...................................................................... 106

IN LAVORAZIONE ....................................................................... 106

TRUCCO ....................................................................................... 106

PATATE ARROSTITE CON MOUN FISH E GRANCHIO ................... 107

INGREDIENTI ............................................................................... 107

IN LAVORAZIONE ....................................................................... 107

TRUCCO ....................................................................................... 108

UOVO IN STILE FLAMENCO .............................................................. 109

INGREDIENTI ............................................................................... 109

IN LAVORAZIONE ....................................................................... 109

TRUCCO ....................................................................................... 109

TORTILLA PAISANA ............................................................................ 110

INGREDIENTI ............................................................................... 110

IN LAVORAZIONE ....................................................................... 110

TRUCCO ........................................................................................ 111

Uova strapazzate con salsiccia e senape ........................................ 112

INGREDIENTI ............................................................................... 112

IN LAVORAZIONE ....................................................................... 112

TRUCCO ....................................................................................... 112

PIANTE DI PATATE A MARZO ............................................................ 113

INGREDIENTI ............................................................................... 113

IN LAVORAZIONE ....................................................................... 113

TRUCCO ....................................................................................... 114

BASE DI SCHIACCIAMENTO ............................................................. 115

INGREDIENTI ............................................................................... 115

IN LAVORAZIONE ....................................................................... 115

TRUCCO ....................................................................................... 115

- FREAKS .................................................................................... 117
  - INGREDIENTI ................................................................... 117
  - IN LAVORAZIONE ............................................................ 117
  - TRUCCO ........................................................................... 117
- Funghi fritti ............................................................................. 118
  - INGREDIENTI ................................................................... 118
  - IN LAVORAZIONE ............................................................ 118
  - TRUCCO ........................................................................... 118
- UOVA SU TALDI con acciughe e olive ................................... 119
  - INGREDIENTI ................................................................... 119
  - IN LAVORAZIONE ............................................................ 119
  - TRUCCO ........................................................................... 120
- CREMA DI PATATE CON PANCETTA E PARMIGIANO .......... 120
  - INGREDIENTI ................................................................... 120
  - IN LAVORAZIONE ............................................................ 120
  - TRUCCO ........................................................................... 121
- UOVA SODE ............................................................................ 121
  - INGREDIENTI ................................................................... 121
  - IN LAVORAZIONE ............................................................ 121
  - TRUCCO ........................................................................... 121
- PATATE RUGOSE ..................................................................... 122
  - INGREDIENTI ................................................................... 122
  - IN LAVORAZIONE ............................................................ 122
  - TRUCCO ........................................................................... 122
- UOVO IN POLVERE CON FUNGHI, GRANCHI E UCCELLINO SELVATICO ............................................................................. 123

- INGREDIENTI .................................................................. 123
- IN LAVORAZIONE ........................................................ 123
- TRUCCO ........................................................................ 124

PATATE FRITTE CON CHORIZO E VESTITO VERDE ................ 125
- INGREDIENTI .................................................................. 125
- IN LAVORAZIONE ........................................................ 125
- TRUCCO ........................................................................ 125

PATATE POVERE ............................................................ 126
- INGREDIENTI .................................................................. 126
- IN LAVORAZIONE ........................................................ 126
- TRUCCO ........................................................................ 126

IL GRANDUCA HA RUBATO LE UOVA ............................ 127
- INGREDIENTI .................................................................. 127
- IN LAVORAZIONE ........................................................ 127
- TRUCCO ........................................................................ 128

PATATE con le costine .................................................. 129
- INGREDIENTI .................................................................. 129
- IN LAVORAZIONE ........................................................ 129
- TRUCCO ........................................................................ 130

UOVA DEPOSITE ............................................................ 130
- INGREDIENTI .................................................................. 130
- IN LAVORAZIONE ........................................................ 130
- TRUCCO ........................................................................ 131

PATATE ALLE NOCCIOLE ................................................ 132
- INGREDIENTI .................................................................. 132
- IN LAVORAZIONE ........................................................ 132

TRUCCO .................................................................................. 132
UOVO DI MOLLE ..................................................................... 133
    INGREDIENTI ..................................................................... 133
    IN LAVORAZIONE ............................................................... 133
    TRUCCO .............................................................................. 133
PATATE ALLA RIOJANA ........................................................... 134
    INGREDIENTI ..................................................................... 134
    IN LAVORAZIONE ............................................................... 134
    TRUCCO .............................................................................. 135
SUBA DI PATATE ..................................................................... 136
    INGREDIENTI ..................................................................... 136
    IN LAVORAZIONE ............................................................... 136
    TRUCCO .............................................................................. 137
FRITTA DI GRANCHIO CON AGLIO ........................................ 138
    INGREDIENTI ..................................................................... 138
    IN LAVORAZIONE ............................................................... 138
    TRUCCO .............................................................................. 138
PATATE AL VAPORE CON SPIEDINI ....................................... 139
    INGREDIENTI ..................................................................... 139
    IN LAVORAZIONE ............................................................... 139
    TRUCCO .............................................................................. 140
PURÈ DI PATATE ..................................................................... 141
    INGREDIENTI ..................................................................... 141
    IN LAVORAZIONE ............................................................... 141
    TRUCCO .............................................................................. 141
AVENA ORTILLA CON MORCILLA ........................................... 142

| | |
|---|---|
| INGREDIENTI | 142 |
| IN LAVORAZIONE | 142 |
| TRUCCO | 142 |

**L'ha fritto** .................................................................. 143

| | |
|---|---|
| INGREDIENTI | 143 |
| IN LAVORAZIONE | 143 |
| TRUCCO | 143 |

**PATATE AL VAPORE CON NUSZKALA** ........................... 144

| | |
|---|---|
| INGREDIENTI | 144 |
| IN LAVORAZIONE | 144 |
| TRUCCO | 144 |

**FRITTATA DI ISTRICE** ................................................. 145

| | |
|---|---|
| INGREDIENTI | 145 |
| IN LAVORAZIONE | 145 |
| TRUCCO | 145 |

**UN UOVO PARZIALE** .................................................. 146

| | |
|---|---|
| INGREDIENTI | 146 |
| IN LAVORAZIONE | 146 |
| TRUCCO | 146 |

**FRITTATA ESTIVA DI MOTOCOTOGNE E POMODORI** ........ 147

| | |
|---|---|
| INGREDIENTI | 147 |
| IN LAVORAZIONE | 147 |
| TRUCCO | 147 |

**MERLUZZO AJOARRIERO** ............................................ 149

| | |
|---|---|
| INGREDIENTI | 149 |
| IN LAVORAZIONE | 149 |

TRUCCO .................................................................................... 149
Cacca DI SHERRY AL VAPORE ........................................................ 150
    INGREDIENTI ........................................................................ 150
    IN LAVORAZIONE ................................................................. 150
    TRUCCO ................................................................................ 150
TUTTO DA I PEBRE MONDFISH CON GRANCHIO ........................ 151
    INGREDIENTI ........................................................................ 151
    IN LAVORAZIONE ................................................................. 152
    TRUCCO ................................................................................ 152
DISEGNO GRIGLIA ........................................................................ 153
    INGREDIENTI ........................................................................ 153
    IN LAVORAZIONE ................................................................. 153
    TRUCCO ................................................................................ 153
VONGOLE MARINERA ................................................................... 154
    INGREDIENTI ........................................................................ 154
    IN LAVORAZIONE ................................................................. 154
    TRUCCO ................................................................................ 155
CAPITALE CON PILPIL ................................................................... 156
    INGREDIENTI ........................................................................ 156
    IN LAVORAZIONE ................................................................. 156
    TRUCCO ................................................................................ 156
FONTANA TRASFORMATA DA BIRRA ........................................... 158
    INGREDIENTI ........................................................................ 158
    IN LAVORAZIONE ................................................................. 158
    TRUCCO ................................................................................ 158
INCHIOSTRO IN INCHIOSTRO ..................................................... 159

INGREDIENTI ................................................................................ 159

IN LAVORAZIONE ...................................................................... 159

TRUCCO ...................................................................................... 159

COD CLUB RANERO ........................................................................ 161

INGREDIENTI ................................................................................ 161

IN LAVORAZIONE ...................................................................... 161

TRUCCO ...................................................................................... 162

SUOLA CON ARANCIO .................................................................... 163

INGREDIENTI ................................................................................ 163

IN LAVORAZIONE ...................................................................... 163

TRUCCO ...................................................................................... 163

NASELLO DI RIOJANA ...................................................................... 165

INGREDIENTI ................................................................................ 165

IN LAVORAZIONE ...................................................................... 165

TRUCCO ...................................................................................... 166

CHOKE CETRIOLO CON SALSA DI FRAGOLE ............................ 167

INGREDIENTI ................................................................................ 167

IN LAVORAZIONE ...................................................................... 167

TRUCCO ...................................................................................... 167

TROTA DI MARE ................................................................................ 168

INGREDIENTI ................................................................................ 168

IN LAVORAZIONE ...................................................................... 168

TRUCCO ...................................................................................... 169

Cucito STILE BILBAINE ...................................................................... 170

INGREDIENTI ................................................................................ 170

IN LAVORAZIONE ...................................................................... 170

TRUCCO ............................................................................................... 170
SCAMPI ................................................................................................ 171
    INGREDIENTI ................................................................................. 171
    IN LAVORAZIONE ........................................................................... 171
    TRUCCO .......................................................................................... 171
CONDENSATORE ................................................................................ 172
    INGREDIENTI ................................................................................. 172
    IN LAVORAZIONE ........................................................................... 172
    TRUCCO .......................................................................................... 172
DURADO COD ..................................................................................... 174
    INGREDIENTI ................................................................................. 174
    IN LAVORAZIONE ........................................................................... 174
    TRUCCO .......................................................................................... 174
CANCRO BASCO .................................................................................. 175
    INGREDIENTI ................................................................................. 175
    IN LAVORAZIONE ........................................................................... 175
    TRUCCO .......................................................................................... 176
Aceto ..................................................................................................... 177
    INGREDIENTI ................................................................................. 177
    IN LAVORAZIONE ........................................................................... 177
    TRUCCO .......................................................................................... 177
IL SEGNO DEGLI AGHI ........................................................................ 178
    INGREDIENTI ................................................................................. 178
    IN LAVORAZIONE ........................................................................... 178
    TRUCCO .......................................................................................... 178
POLVERE IN ADOBO (BIENMESABE) .................................................. 179

INGREDIENTI ............................................................................... 179

IN LAVORAZIONE ...................................................................... 179

TRUCCO ..................................................................................... 180

## AGRUMI E TONNO SIGILLATI ............................................................ 181

INGREDIENTI ............................................................................... 181

IN LAVORAZIONE ...................................................................... 181

TRUCCO ..................................................................................... 182

## FIUME DELLA PIOGGIA DEL GRANCHIO ........................................ 183

INGREDIENTI ............................................................................... 183

IN LAVORAZIONE ...................................................................... 183

TRUCCO ..................................................................................... 183

## TONNO AL BASILICO ........................................................................ 184

INGREDIENTI ............................................................................... 184

IN LAVORAZIONE ...................................................................... 184

TRUCCO ..................................................................................... 184

## SOLE A LA MENIER ........................................................................... 185

INGREDIENTI ............................................................................... 185

IN LAVORAZIONE ...................................................................... 185

TRUCCO ..................................................................................... 185

## MARRONE DI SALMONE CON CAVA ................................................ 186

INGREDIENTI ............................................................................... 186

IN LAVORAZIONE ...................................................................... 186

TRUCCO ..................................................................................... 186

## PIQUILTOS DI BRANZINO ALLA BILBAÍN ....................................... 187

INGREDIENTI ............................................................................... 187

IN LAVORAZIONE ...................................................................... 187

TRUCCO ............................................................................................. 187
CARBALTI IN VINAIGRETTE ............................................................ 188
    INGREDIENTI .................................................................................. 188
    IN LAVORAZIONE ........................................................................... 188
    TRUCCO ......................................................................................... 188
MARMITACO ....................................................................................... 189
    INGREDIENTI .................................................................................. 189
    IN LAVORAZIONE ........................................................................... 189
    TRUCCO ......................................................................................... 189
BOLLE DEL MARE SALATO ............................................................... 191
    INGREDIENTI .................................................................................. 191
    IN LAVORAZIONE ........................................................................... 191
    TRUCCO ......................................................................................... 191
COSTUMI AL VAPORE ....................................................................... 192
    INGREDIENTI .................................................................................. 192
    IN LAVORAZIONE ........................................................................... 192
    TRUCCO ......................................................................................... 192
IL MALE IN GALIZIA ........................................................................... 193
    INGREDIENTI .................................................................................. 193
    IN LAVORAZIONE ........................................................................... 193
    TRUCCO ......................................................................................... 194
OTTIENI PALLACANESTRO .............................................................. 195
    INGREDIENTI .................................................................................. 195
    IN LAVORAZIONE ........................................................................... 195
    TRUCCO ......................................................................................... 196
COLTELLI CON AGLIO E LIMONE .................................................... 197

INGREDIENTI ........................................................................ 197

  IN LAVORAZIONE ............................................................... 197

  TRUCCO ............................................................................. 197

VIA BUDINO .............................................................................. 198

  INGREDIENTI ........................................................................ 198

  IN LAVORAZIONE ............................................................... 198

  TRUCCO ............................................................................. 199

MONDFISH CON CREMA SOFFICE ALL'AGLIO ........................... 200

  INGREDIENTI ........................................................................ 200

  IN LAVORAZIONE ............................................................... 200

  TRUCCO ............................................................................. 201

NASELLO AL SIDRO CON COMPOSTA DI MELE ALLA MENTA .. 202

  INGREDIENTI ........................................................................ 202

  IN LAVORAZIONE ............................................................... 202

  TRUCCO ............................................................................. 203

Salmone marinato .................................................................... 204

  INGREDIENTI ........................................................................ 204

  IN LAVORAZIONE ............................................................... 204

  TRUCCO ............................................................................. 204

FORMAGGIO BLU DI PISTANO ................................................. 205

  INGREDIENTI ........................................................................ 205

  IN LAVORAZIONE ............................................................... 205

  TRUCCO ............................................................................. 205

TATAKI DI TONNO AL VAPORE DI SOIA .................................... 207

  INGREDIENTI ........................................................................ 207

  IN LAVORAZIONE ............................................................... 207

TRUCCO .................................................................................. 207
PRENDI UNA TORTA ............................................................... 209
    INGREDIENTI ..................................................................... 209
    IN LAVORAZIONE ............................................................. 209
    TRUCCO ............................................................................ 209
PEPERONI RIPIENI SUL PEZZO PRINCIPALE ....................... 210
    INGREDIENTI ..................................................................... 210
    IN LAVORAZIONE ............................................................. 210
    TRUCCO ............................................................................ 211
BRANI ....................................................................................... 212
    INGREDIENTI ..................................................................... 212
    IN LAVORAZIONE ............................................................. 212
    TRUCCO ............................................................................ 212
SOLDATI DI PAVIA ................................................................... 213
    INGREDIENTI ..................................................................... 213
    IN LAVORAZIONE ............................................................. 213
    TRUCCO ............................................................................ 214
RACHELLA ................................................................................ 215
    INGREDIENTI ..................................................................... 215
    IN LAVORAZIONE ............................................................. 215
    TRUCCO ............................................................................ 215
TROTA NAVARRA ..................................................................... 217
    INGREDIENTI ..................................................................... 217
    IN LAVORAZIONE ............................................................. 217
    TRUCCO ............................................................................ 217
SALMONE CON AVOCADO AL SECCHIO ............................. 218

    INGREDIENTI ................................................................ 218

    IN LAVORAZIONE ....................................................... 218

    TRUCCO ....................................................................... 218

GALIZIA Capesante ................................................................ 220

    INGREDIENTI ................................................................ 220

    IN LAVORAZIONE ....................................................... 220

    TRUCCO ....................................................................... 220

# LENCE A LA LIONESA

INGREDIENTI

500 g di lenticchie

700 g di cipolla

200 g di burro

1 rametto di prezzemolo

1 rametto di timo

1 foglia di alloro

1 cipolla piccola

1 carota

6 chiodi di garofano

sale

IN LAVORAZIONE

Rosolare la cipolla tagliata a julienne nel burro a fuoco basso. Coprire e cuocere fino a quando leggermente dorato.

Aggiungere le lenticchie, i chiodi di garofano infilati in una piccola cipolla intera, le carote tritate e le erbe aromatiche. Coprire con acqua fredda.

Sbucciare e cuocere a fuoco basso fino a quando il legume non sarà morbido. Aggiustare di sale.

TRUCCO

Per evitare che si attacchino, è importante cuocere a fuoco alto per passare a fuoco medio.

# LENTICCHIE AL CURRY CON LA MELA

INGREDIENTI

300 g di lenticchie

8 cucchiai di panna

1 cucchiaio di curry

1 mela d'oro

1 rametto di timo

1 rametto di prezzemolo

1 foglia di alloro

2 cipolle

1 spicchio d'aglio

3 chiodi di garofano

4 cucchiai di olio

Sale pepe

IN LAVORAZIONE

Lessare le lenticchie in acqua fredda per 1 ora con 1 cipolla, aglio, alloro, timo, prezzemolo, chiodi di garofano, sale e pepe.

Rosolare la seconda cipolla insieme alla mela in un olio a parte. Aggiungere il curry e mescolare.

Aggiungere le lenticchie alla scatola di mele e cuocere per altri 5 minuti. Aggiungere la panna e mescolare delicatamente.

TRUCCO

Se vi avanzano le lenticchie, potete farne una crema e aggiungere i gamberi al vapore.

# POCHAS NAVARRA

INGREDIENTI

400 g di fagioli

1 cucchiaio di paprika

5 spicchi d'aglio

1 peperone verde italiano

1 peperone rosso

1 porro pulito

1 carota

1 cipolla

1 pomodoro grande

Olio d'oliva

sale

IN LAVORAZIONE

Pulite bene i fagioli. Versare l'acqua in una casseruola con peperoni, cipolle, porri, pomodori e carote. Cuocere per circa 35 minuti.

Scolate le verdure e tritatele. Quindi rimettili nello stufato.

Tritare l'aglio a pezzetti e soffriggerlo in poco olio. Togliere dal fuoco e aggiungere la paprika. Rehome 5 è integrato nel fagiolo bianco. Aggiustare di sale.

TRUCCO

Trattandosi di legumi freschi, il tempo di cottura è molto più breve.

# L'OVEST

INGREDIENTI

500 g di lenticchie

1 cucchiaio di paprika

1 carota grande

1 cipolla media

1 peperone grande

2 spicchi d'aglio

1 patata grande

1 culo di prosciutto

1 salsiccia

1 sanguinaccio

Bacon

1 foglia di alloro

sale

IN LAVORAZIONE

Le verdure tritate finemente vengono cotte a vapore fino a renderle leggermente morbide. Unite la paprika e aggiungete 1,5 litri di acqua (potete sostituire il brodo vegetale o anche il brodo). Aggiungere le lenticchie, la carne, la fine del prosciutto e la foglia di alloro.

Rimuovi e metti da parte il chorizo e il sanguinaccio quando sono morbidi in modo che non si rompano. Continuare a cuocere le lenticchie fino al termine.

Aggiungere le patate a cubetti e cuocere per altri 5 minuti. Aggiungi un pizzico di sale.

## TRUCCO

Per un sapore diverso, aggiungi 1 bastoncino di cannella alle lenticchie durante la cottura.

# BABMUSAKA AI FUNGHI

INGREDIENTI

250 g di fagioli rossi lessati

500 g di salsa di pomodoro fatta in casa

200 g di funghi

100 g di formaggio grattugiato

½ bicchiere di vino rosso

2 melanzane

2 spicchi d'aglio

1 cipolla grande

½ peperone verde

½ peperone giallo

¼ di peperone rosso

1 foglia di alloro

Latte

origano

Olio d'oliva

Sale pepe

IN LAVORAZIONE

Tagliate le melanzane a fette e versatele nel latte con il sale in modo che perdano il loro amaro.

Tritate a parte la cipolla, l'aglio e la paprika e fateli soffriggere in una padella. Aggiungere i funghi e continuare a friggere. Aggiungere il vino e raffreddare a fuoco vivace. Aggiungere la salsa di pomodoro, l'origano e le foglie di alloro. Cuocere per 15 minuti. Togliere dal fuoco e aggiungere i fagioli. La stagione.

Nel frattempo filtrate bene le fette di melanzane, asciugatele, quindi friggetele in poco olio da entrambi i lati.

Mettere i fagioli e le melanzane nella teglia fino ad esaurimento degli ingredienti. Terminare con uno strato di melanzane. Cospargere con formaggio grattugiato e gratinare.


TRUCCO

Questa ricetta è perfetta con lenticchie o legumi avanzati da altre preparazioni.

# PATATA VIGILIA

INGREDIENTI

1 kg di ceci

1 kg di merluzzo

500 g di spinaci

50 g di mandorle

Set da 3 litri

2 cucchiai di salsa di pomodoro

1 cucchiaio di paprika

3 fette di pane tostato

2 spicchi d'aglio

1 peperone verde

1 cipolla

1 foglia di alloro

Olio d'oliva

sale

IN LAVORAZIONE

Lasciate i ceci in ammollo per 24 ore.

Rosolare in una padella a fuoco medio la cipolla tagliata a dadini, l'aglio e il pepe. Aggiungere la paprika, le foglie di alloro, la salsa di pomodoro e versare sopra il brodo di pesce. Quando inizia a bollire, aggiungere i ceci. Quando saranno quasi morbide, aggiungete il merluzzo e gli spinaci.

Nel frattempo frullare le mandorle con il pane fritto. Mescolare e aggiungere allo stufato. Cuocete per altri 5 minuti e regolate di sale.

## TRUCCO

I ceci vanno messi in una pentola con acqua bollente, altrimenti risulteranno duri e perderanno la pelle molto facilmente.

# POCHAD CON ANATRE PROFESSIONALI

INGREDIENTI

400 g di fagioli

500 g di finferli

½ bicchiere di vino bianco

4 spicchi d'aglio

1 peperone verde piccolo

1 pomodoro piccolo

1 cipolla

1 porro

1 Caienna

prezzemolo fresco tritato

Olio d'oliva

IN LAVORAZIONE

Mettere in una casseruola i fagioli, il peperone, mezza cipolla, il porro mondato, 1 spicchio d'aglio e il pomodoro. Coprire con acqua fredda e cuocere per circa 35 minuti fino a quando le verdure saranno tenere.

Soffriggere separatamente a fuoco vivace l'altra metà della cipolla, il pepe di cayenna e il resto degli spicchi d'aglio tagliati molto finemente. Aggiungere le vongole e sfumare con il vino.

Unire le vongole con il sugo ai fagioli bianchi, unire il prezzemolo e cuocere per altri 2 minuti. Aggiustare di sale.

## TRUCCO

Immergere le vongole in acqua fredda e salata per 2 ore per ammorbidire tutto il terreno.

# ZUPPA DI ARAGOSTA

INGREDIENTI

1 ½ kg di aragosta

250 g di pomodori

200 g di porri

150 g di burro

100 g di carote

100 g di cipolla

75 g di riso

1 ½ litro di succo di pesce

¼ l di panna

1 dl di grappa

1 dl di vino

1 rametto di timo

2 foglie di alloro

Sale pepe

IN LAVORAZIONE

Tagliare l'aragosta a pezzi e farla rosolare in 50 g di burro. Accendilo con brandy e versaci sopra il vino. Coprire e cuocere per 15 minuti.

Prenota la carne di aragosta. Schiaccia le loro carcasse con brandy, vin brulè e incenso. Passa attraverso i cinesi e fai scorta.

Soffriggere le verdure tritate (secondo la durezza) con il burro rimasto. Alla fine aggiungete i pomodorini. Inumidirlo con il brodo messo da parte, aggiungere le erbe aromatiche e il riso. Cuocere per 45 minuti. Mescolare e filtrare. Aggiungere la panna e cuocere per altri 5 minuti.

Servire la crosta con l'aragosta tritata.

## TRUCCO

Fiammare significa bruciare una bevanda alcolica in modo che l'alcool scompaia, ma il sapore no. È importante farlo con la ventola di scarico spenta.

# VERDURE IN UN ADESIVO

INGREDIENTI

150 g di prosciutto serrano a dadini

150 g di fagiolini

150 g di cavolfiore

150 g di piselli

150 g di fagioli

2 cucchiai di farina

3 carciofi

2 uova sode

2 carote

1 cipolla

1 spicchio d'aglio

1 limone

Olio d'oliva

sale

IN LAVORAZIONE

Pulite i carciofi eliminando le foglie esterne e le punte. Far bollire l'acqua con 1 cucchiaio di farina e il succo di limone fino a renderla morbida. Aggiornamento e prenotazione.

Sbucciare e tagliare le carote a pezzi medi. Togliere i fili e le estremità ai fagioli e tagliarli in 3 pezzi. Raccogliamo rose dal cavolfiore. Far bollire l'acqua e cuocere ogni verdura separatamente fino a renderla morbida. Aggiornamento e prenotazione.

Tagliare a metà la zuppa di verdure (eccetto la zuppa di carciofi).

Tritare la cipolla e l'aglio a pezzetti. Cuocere a fuoco lento per 10 minuti con il prosciutto serrano a dadini. Aggiungere un altro cucchiaio di farina e friggere per altri 2 minuti. Aggiungere 150 ml di brodo vegetale. Rimuovere e cuocere per 5 minuti. Aggiungere le verdure e le uova sode in quarti. Far bollire per 2 minuti, quindi aggiungere il sale.


TRUCCO

Le verdure devono essere cotte a parte perché il tempo di cottura non è lo stesso.

# LICENZA MANDEN FATTA IN CASA

INGREDIENTI

1 ¼ kg di bietole

750 g di patate

3 spicchi d'aglio

2 dl di olio d'oliva

sale

IN LAVORAZIONE

Lavate le bietole e tagliate le foglie a pezzi grossi. Sbucciare le foglie e tagliarle ad anelli. Lessare le foglie e i gambi in acqua bollente salata per 5 minuti. Aggiorna, cancella e riserva.

Bollire nella stessa acqua le patate sbucciate e la cachelada per 20 minuti. Scolare e conservare.

Soffriggere nell'olio l'aglio sbucciato e sfilettato. Aggiungere la penca, le foglie e le patate e friggere per 2 minuti. Aggiustare di sale.

TRUCCO

La Penca può essere farcita con prosciutto e formaggio. Quindi lo cancelliamo e lo cuociamo.

# TORTA CALZINO E SALMONE

INGREDIENTI

400 g di zucchine

200 g di salmone fresco (disossato)

750 ml di crema

6 uova

1 cipolla

Olio d'oliva

Sale pepe

IN LAVORAZIONE

Tagliare la cipolla a pezzetti e soffriggerla in poco olio. Tagliare le zucchine a cubetti e unirle alla cipolla. Cuocere a fuoco medio per 10 minuti.

Mescolare e aggiungere ½ l di panna e 4 uova fino ad ottenere un impasto fine.

Mettere in stampini individuali, precedentemente unti di burro e spolverati di farina, e cuocere a bagnomaria a 170 ºC per ca. Cuocere per 10 minuti.

Contemporaneamente soffriggere in poco olio il salmone tagliato a cubetti. Salare e frullare con la restante panna e 2 uova. Mettilo sopra la torta di zucchine. Continuare a cuocere per altri 20 minuti o fino a quando impostato.

## TRUCCO

Servire caldo con maionese tritata e qualche rametto di zafferano tostato.

# CARCIOFI CON FUNGHI E PARMIGIANO

INGREDIENTI

1 kg e mezzo di carciofi

200 g di funghi

50 gr di parmigiano

1 bicchiere di vino bianco

3 pomodori grandi

1 cipollotto

1 limone

Olio d'oliva

Sale pepe

IN LAVORAZIONE

Mondate il carciofo, privatelo del gambo, delle foglie esterne dure e della punta. Tagliateli in quarti e strofinateli con il limone per evitare che si ossidino. Prenotalo.

Soffriggere lentamente la cipolla tritata. Alzate la fiamma e aggiungete i funghi puliti e affettati. Cuocere per 3 minuti. Sfumate con il vino, poi aggiungete i pomodori grattugiati ei carciofi. Coprire e cuocere per 10 minuti o fino a quando i carciofi sono teneri e la salsa si è addensata.

Impiattare, condire e cospargere di parmigiano.

## TRUCCO

Un altro modo per evitare che i carciofi si ossidino è metterli a bagno in acqua fredda con abbondante prezzemolo fresco.

# Melanzane marinate

INGREDIENTI

2 melanzane grandi

3 cucchiai di succo di limone

3 cucchiai di prezzemolo fresco tritato

2 cucchiai di aglio tritato

1 cucchiaio di semi di cumino macinati

1 cucchiaio di cannella

1 cucchiaio di peperoncino

Olio d'oliva

sale

IN LAVORAZIONE

Tagliare le melanzane a fette nel senso della lunghezza. Cospargete di sale e lasciate riposare su carta da cucina per 30 minuti. Sciacquare abbondantemente con acqua e mettere da parte.

Condire le fette di melanzane con olio e sale e infornare per 25 minuti a 175 gradi.

Mescolare gli altri ingredienti in una ciotola. Aggiungere le melanzane al composto e mescolare. Coprire e conservare in frigorifero per 2 ore.

TRUCCO

Affinché le melanzane perdano il loro sapore amaro potete metterle a bagno nel latte con un po' di sale per 20 minuti.

# FAGIOLI FRITTI CON PROSCIUTTO SERRANO

INGREDIENTI

1 bottiglia di fagioli sott'olio

2 spicchi d'aglio

4 fette di prosciutto serrano

1 cipollotto

2 uova

Sale pepe

IN LAVORAZIONE

Scolare l'olio dai fagioli nella padella. Soffriggere la cipolla tritata, l'aglio lamellare e il prosciutto tagliato a listarelle sottili. Alzate la fiamma, aggiungete i fagioli e fate sobbollire per 3 minuti.

A parte sbattere le uova e aggiustare di sale. Versare l'uovo sui fagioli e mescolare continuamente.

TRUCCO

Aggiungere un po' di panna o latte alle uova sbattute per renderle più lisce.

# TRINXAT

## INGREDIENTI

1 kg di cavolo

1 kg di patate

100 g di pancetta

5 spicchi d'aglio

Olio d'oliva

sale

## IN LAVORAZIONE

Sbucciare il cavolo cappuccio, lavarlo e tagliarlo a fettine sottili. Sbucciare le patate e tagliarle in quarti. Bollire tutto insieme per 25 minuti. Tiralo fuori e mentre è caldo, schiaccialo bene con una forchetta.

Rosolare in una padella l'aglio tritato e la pancetta tagliata a striscioline. Aggiungetela al precedente impasto di patate e friggete per 3 minuti per lato, come se fosse una frittata di patate.

## TRUCCO

Il cavolo deve essere ben scolato dopo la cottura, altrimenti la trinx non si dorerà bene.

# BROCCOLI GRATINATI CON PANCETTA E AURORA

INGREDIENTI

150 g di pancetta a listarelle

1 broccolo grande

Salsa Aurora (vedi brodi e salse)

Olio d'oliva

Sale pepe

IN LAVORAZIONE

Rosolate bene in padella le strisce di pancetta e mettetele da parte.

Dividete i broccoli in ciambelle e lessateli in abbondante acqua salata per 10 minuti o finché sono teneri. Scolare e mettere su una teglia.

Adagiare sopra i broccoli la pancetta, poi la salsa aurora e gratinare alla massima temperatura fino a doratura.

TRUCCO

Per ridurre l'odore dei broccoli, aggiungere un po' di aceto all'acqua di cottura.

# BOGOGAN CON GRANCHI E CONCHIGLIE NELLA PALUDE VERDE

INGREDIENTI

500 g di cardano bollito

2 dl di vino bianco

2 dl di salsa di pesce

2 cucchiai di prezzemolo fresco tritato

1 cucchiaio di farina

20 conchiglie

4 spicchi d'aglio

1 cipolla

Olio d'oliva

sale

IN LAVORAZIONE

Tritare la cipolla e l'aglio a pezzetti. Cuocere a fuoco lento in 2 cucchiai di olio per 15 minuti.

Aggiungere la farina e cuocere, mescolando continuamente, per 2 minuti. Alzate la fiamma, bagnate con il vino e lasciate raffreddare completamente.

Inumidirlo con un affumicatore e cuocere per 10 minuti a fuoco basso, mescolando continuamente. Aggiungere il prezzemolo e aggiustare di sale.

Aggiungere gusci e gimbal precedentemente puliti. Coprire e cuocere per 1 minuto fino a quando le vongole si aprono.

## TRUCCO

Non cuocere troppo il prezzemolo in modo che non perda il suo colore o diventi marrone.

# CIPOLLE CARAMELLATE

INGREDIENTI

2 cipolle grandi

2 cucchiai di zucchero

1 cucchiaino di aceto di Modena o Sherry

IN LAVORAZIONE

Coprire e friggere la cipolla fritta fino a renderla trasparente

Coprire e cuocere fino a doratura. Aggiungere lo zucchero e cuocere per altri 15 minuti. Bagnare con aceto e cuocere per altri 5 minuti.

TRUCCO

Se volete fare una frittata con questa quantità di cipolle caramellate, usate 800 g di patate e 6 uova.

# FUNGHI RIPIENI CON PROSCIUTTO SERRANO E PESTO

INGREDIENTI

500 g di funghi freschi

150 gr di prosciutto serrano

1 cipollotto tritato finemente

Pesto (vedi brodi e sughi)

IN LAVORAZIONE

Tagliare la cipolla e il prosciutto a pezzetti. Cuocili lentamente per 10 minuti. Lasciate raffreddare.

Pulire e togliere il gambo dal fungo. Cuocili a vapore capovolti in padella per 5 minuti.

Farcite i funghi con prosciutto e scalogno, versateci sopra un po' di pesto e infornate a 200° per ca. per 5 minuti.

TRUCCO

Non c'è bisogno di aggiungere sale perché il prosciutto e il pesto sono leggermente salati.

# CAULIRO CON AJOARRIERO

INGREDIENTI

1 cavolfiore grande

1 cucchiaio di paprika dolce

1 cucchiaio di aceto

2 spicchi d'aglio

8 cucchiai di olio d'oliva

sale

IN LAVORAZIONE

Dividete il cavolfiore a mazzetti e lessatelo in abbondante acqua salata per 10 minuti o fino a cottura ultimata.

Affettare l'aglio e soffriggerlo nell'olio. Togliere la padella dal fuoco e aggiungere la paprika. Far bollire per 5 secondi, quindi aggiungere l'aceto. Condire il soffritto con sale e salsa.

TRUCCO

in modo che il cavolfiore abbia meno odore durante la cottura, aggiungi 1 bicchiere di latte all'acqua.

# CAVOLFIORE ARROSTO

## INGREDIENTI

100 g di parmigiano grattugiato

1 cavolfiore grande

2 tuorli d'uovo

Besciamella (vedi Brodi e Salse)

## IN LAVORAZIONE

Dividete il cavolfiore a mazzetti e lessatelo in abbondante acqua salata per 10 minuti o fino a cottura ultimata.

Aggiungere la besciamella alla salsa (fuori dal fuoco) sbattendo i tuorli e il formaggio.

Disponete il cavolfiore in una pirofila e cospargetelo con la besciamella. Grigliare alla massima temperatura fino a quando la superficie non sarà dorata.

## TRUCCO

Se aggiungi formaggio grattugiato e tuorlo d'uovo alla besciamella, diventa una nuova salsa Mornay.

# DUXELLE

INGREDIENTI

500 g di funghi

100 g di burro

100 g di cipollotti (o cipolle)

Sale pepe

IN LAVORAZIONE

Pulire i funghi e tagliarli a pezzetti.

Soffriggere nel burro la cipolla tritata molto finemente, poi unire i funghi. Cuocere a fuoco lento fino a quando il liquido non sarà completamente sparito. La stagione.

TRUCCO

Può essere il contorno perfetto, un ripieno o anche un primo piatto. Duxell ai funghi con uovo in camicia, petto di pollo ripieno di duxell, ecc.

# CON SALMONE AFFUMICATO E CABRAL

INGREDIENTI

200 grammi di panna

150 g di salmone affumicato

100 g di formaggio Cabrales

50 g di noci sbucciate

6 germogli di indivia

Sale pepe

IN LAVORAZIONE

Tagliare le scarole, lavarle accuratamente in acqua fredda e immergerle in acqua ghiacciata per 15 minuti.

Mescolare in una ciotola il formaggio, il salmone a fette, le noci, la panna, il sale e il pepe e riempire la scarola con questa salsa.

TRUCCO

Sciacquare l'indivia sotto l'acqua fredda e immergerla in acqua ghiacciata aiuterà a rimuovere la sua amarezza.

# SEGOVIANO DELLA LOMBARDA

INGREDIENTI

40 g di pinoli

40 g di uvetta

1 cucchiaio di paprika

3 spicchi d'aglio

1 cavolo rosso

1 seme di mela

Olio d'oliva

sale

IN LAVORAZIONE

Togliere il gambo centrale e le foglie esterne al cavolo rosso e tagliarlo a julienne. Togliere il torsolo alla mela senza togliere la buccia e tagliarla in quarti. Cuocere cavolo rosso, uvetta e mele per 90 minuti. Scolare e conservare.

Tagliare l'aglio a fettine e soffriggerlo in una padella. Aggiungere i pinoli e tostare. Aggiungi la paprika e aggiungi il cavolo rosso insieme all'uvetta e alle mele. Friggere per 5 minuti.

TRUCCO

Affinché il cavolo rosso non perda colore, iniziate a cuocerlo con acqua bollente e aggiungete un goccio di aceto.

# INSALATA DI PEPERONI ARROSTITI

INGREDIENTI

3 pomodori

2 melanzane

2 cipolle

1 peperone rosso

1 testa d'aglio

Aceto (facoltativo)

olio extravergine d'oliva

sale

IN LAVORAZIONE

Riscaldare il forno a 170°C.

Lavare la melanzana, il peperone e il pomodoro, sbucciare la cipolla. Disponete tutte le verdure su una teglia e conditele con abbondante olio. Cuocere per 1 ora, girando di tanto in tanto per una cottura uniforme. Tiralo fuori così com'è fatto.

Lasciate raffreddare i peperoni, privateli della pelle e dei semi. Julienne di peperoni, cipolle e melanzane senza semi. Rimuovere gli spicchi d'aglio dalla testa arrostita premendo leggermente.

Mescolare tutte le verdure in una ciotola, condire con un pizzico di sale e olio per friggere. Puoi anche aggiungere qualche goccia di aceto.

## TRUCCO

Si consiglia di fare qualche incisione sulla buccia della melanzana e del pomodoro in modo che non si spacchino durante la cottura e quindi sia più facile sbucciarle.

# PISELLI FRANCESI

INGREDIENTI

850 g di piselli puliti

250 g di cipolla

90 g di prosciutto serrano

90 g di burro

1 litro di brodo

1 cucchiaio di farina

1 insalata pulita

sale

IN LAVORAZIONE

Rosolare la cipolla tritata e il prosciutto tagliato a dadini nel burro. Aggiungere la farina e friggere per 3 minuti.

Aggiungere il brodo e cuocere per altri 15 minuti, mescolando di tanto in tanto. Aggiungere i piselli e cuocere per 10 minuti a fuoco medio.

Aggiungere la deliziosa julienne e cuocere per altri 5 minuti. Aggiungi un pizzico di sale.

TRUCCO

Cuocere i piselli scoperti per evitare che diventino grigi. L'aggiunta di un pizzico di zucchero durante la cottura esalta il sapore dei piselli.

# SPINACI RICREATI

INGREDIENTI

Spinaci freschi da 3/4 libbre

45 g di burro

45 g di farina

½ litro di latte

3 spicchi d'aglio

Noce moscata

Olio d'oliva

Sale pepe

IN LAVORAZIONE

La besciamella è fatta con burro fuso e farina. Cuocere a fuoco lento per 5 minuti, quindi aggiungere il latte, mescolando continuamente. Cuocere per 15 minuti, quindi condire con sale, pepe e noce moscata.

Lessare gli spinaci in abbondante acqua salata. Scolare, raffreddare e strizzare bene in modo che siano completamente asciutti.

Tritare l'aglio e soffriggerlo nell'olio per 1 minuto. Aggiungere gli spinaci e cuocere a fuoco medio per 5 minuti.

Mescolare gli spinaci con la besciamella e cuocere per altri 5 minuti, mescolando continuamente.

## TRUCCO

Alcuni triangoli tostati con fette di pane.

# BEBABAS CON BUTIFARRA BIANCA

INGREDIENTI

1 bottiglia di fagioli sott'olio

2 spicchi d'aglio

1 salsiccia bianca

1 cipollotto

Olio d'oliva

sale

IN LAVORAZIONE

Scolare l'olio dai fagioli nella padella. Nell'olio fate soffriggere finemente la cipolla e l'aglio, poi aggiungete la salsiccia tagliata a cubetti.

Cuocere per 3 minuti fino a quando non saranno leggermente dorati. Alzate la fiamma, aggiungete i fagioli e fate sobbollire per altri 3 minuti. Aggiungi un pizzico di sale.

TRUCCO

Può anche essere fatto con fagioli morbidi. Per fare questo, far bollire in acqua fredda per 15 minuti o fino a quando non si ammorbidisce. Rinfrescare con acqua e ghiaccio, quindi sbucciare. Quindi preparare la ricetta allo stesso modo.

# FAGIOLI VERDI CON PROSCIUTTO

INGREDIENTI

600 g di fagiolini

150 gr di prosciutto serrano

1 cucchiaino di paprika

5 pomodori

3 spicchi d'aglio

1 cipolla

Olio d'oliva

sale

IN LAVORAZIONE

Togliere i lati e le estremità dei fagioli e tagliarli a cubetti grandi. Bollire in acqua bollente per 12 minuti. Filtrare, raffreddare e far bollire.

Tritare la cipolla e l'aglio a pezzetti. Soffriggere lentamente per 10 minuti e aggiungere il prosciutto serrano. Cuocere a fuoco lento per altri 5 minuti. Aggiungere la paprika e il pomodoro grattugiato e friggere fino a quando tutta l'acqua è sparita.

Aggiungere i fagiolini alla salsa e cuocere per altri 3 minuti. Aggiungi un pizzico di sale.

TRUCCO

Il chorizo può essere sostituito con prosciutto serrano.

# Stufato d'agnello

INGREDIENTI

450 g di agnello

200 g di fagiolini

150 g di fagioli sbucciati

150 g di piselli

2 litri di brodo

2 dl di vino rosso

4 cuori di carciofi

3 spicchi d'aglio

2 pomodori grandi

2 patate grandi

1 peperone verde

1 peperone rosso

1 cipolla

Olio d'oliva

Sale pepe

IN LAVORAZIONE

L'agnello viene tritato, condito e fritto a fuoco vivace. Rimuovi e prenota.

Soffriggere l'aglio e la cipolla tritati lentamente nello stesso olio per 10 minuti. Aggiungere i pomodori grattugiati e cuocere fino a quando l'acqua sarà completamente evaporata. Bagnatelo con il vino e lasciatelo raffreddare. Versare il brodo, aggiungere l'agnello e cuocere per 50 minuti o fino a quando la carne è tenera. La stagione.

A parte, in un'altra padella, cuocere a vapore i peperoni tagliati a cubetti, i piselli, i carciofi tagliati in quattro, 8 fagiolini tagliati in quattro e le fave. Versare sopra il brodo di agnello e cuocere lentamente per 5 minuti. Aggiungere le patate sbucciate e tritate. Bollire fino a renderlo morbido. Aggiungere l'agnello e un po' di brodo.

TRUCCO

Cuocere i piselli scoperti per evitare che diventino grigi.

# MELANZANE DOLCI con formaggio di capra, miele e curry

INGREDIENTI

200 g di formaggio di capra

1 melanzana

Caro

curry

Farina

Olio d'oliva

sale

IN LAVORAZIONE

Tagliate le melanzane a fettine sottili, disponetele su carta assorbente e salatele da entrambi i lati. Lasciare riposare per 20 minuti. Togliere il sale e la farina in eccesso e tostare.

Tagliare il formaggio a fettine sottili. Unire gli strati di melanzane e formaggio. Infornare per 5 minuti a 160 gradi.

Trasferire in un piatto e aggiungere 1 cucchiaino di miele e una goccia di curry su ogni fetta di melanzana.

TRUCCO

Tritare la melanzana e lasciarla con il sale rimuoverà ogni amaro.

# TORTA DI ASPARAGI BIANCHI E SALMONE AFFUMICATO

## INGREDIENTI

400 g di asparagi in scatola

200 g di salmone affumicato

½ l di panna

4 uova

Farina

Olio d'oliva

Sale pepe

## IN LAVORAZIONE

Mescolare tutti gli ingredienti in un impasto liscio. Scolare per evitare le fibre degli asparagi.

Versare in stampini unici, precedentemente imburrati e infarinati. Infornare a 170°C per 20 minuti. Può essere preso caldo o freddo.

## TRUCCO

La maionese a base di foglie di basilico fresco tritate è perfetta come contorno.

# PEPERONCINO PIQUILLO RIPIENO DI MORCILLA CON SALSA DI SCHIUMA DOLCE

INGREDIENTI

125 ml di crema

8 cucchiai di senape

2 cucchiai di zucchero

12 peperoni piquillo

2 sanguinacci

Ingranaggi

Farina e uova (per impanare)

Olio d'oliva

IN LAVORAZIONE

Sbriciolate il sanguinaccio e fatelo rosolare in padella ben calda con una manciata di pinoli. Far raffreddare e farcire i peperoni. Passare nella farina e nell'uovo, friggere in abbondante olio.

Bollire la panna con la senape e lo zucchero fino a renderla densa. Servire i peperoni con salsa piccante.

TRUCCO

La paprika deve essere arrostita nell'olio poco alla volta e ben calda.

# CARDO CON MANDORLE

INGREDIENTI

900 g di cardano bollito

75 g di granella di mandorle

50 g di farina

50 g di burro

1 litro di brodo di pollo

1 dl di vino bianco

1 dl di panna

1 cucchiaio di prezzemolo fresco tritato

2 spicchi d'aglio

2 tuorli d'uovo

1 cipolla

Olio d'oliva

Sale pepe


IN LAVORAZIONE

Cuocere a fuoco lento le mandorle e la farina nel burro per 3 minuti. Continuando a frullare, versare sopra il brodo di pollo e cuocere per altri 20 minuti. Aggiungere la panna, quindi togliere dal fuoco e incorporare il tuorlo d'uovo. La stagione.

Rosolare nell'olio la cipolla e l'aglio tritati separatamente. Unite il cardo, alzate la fiamma e sfumate con il vino. Lascia che si riduca completamente.

Aggiungere la zuppa al cardo e servire con prezzemolo.

## TRUCCO

Non surriscaldare la salsa dopo aver aggiunto il tuorlo d'uovo in modo che non si addormenti e la salsa rimanga grumosa.

# PUGNALE

INGREDIENTI

4 pomodori maturi

2 peperoni verdi

2 zucchine

2 cipolle

1 peperone rosso

2-3 spicchi d'aglio

1 cucchiaino di zucchero

Olio d'oliva

sale

IN LAVORAZIONE

Sbollentare i pomodori, togliere la pelle e tagliarli a cubetti. Sbucciare e tritare la cipolla e le zucchine. Pulisci il peperone dai semi, taglia la carne a cubetti.

Soffriggere l'aglio e la cipolla in poco olio per 2 minuti. Aggiungere la paprika e friggere per altri 5 minuti. Aggiungere le zucchine e cuocere a fuoco lento per qualche altro minuto. Infine, aggiungere i pomodori e cuocere fino a quando tutta l'acqua sarà sparita. Pulire lo zucchero e il sale, quindi far bollire.

## TRUCCO

Puoi usare pomodori in scatola schiacciati o una buona salsa di pomodoro.

# PORRO ALL'ACETO DI VEGETALI

INGREDIENTI

8 porri

2 spicchi d'aglio

1 peperone verde

1 peperone rosso

1 cipollotto

1 cetriolo

12 cucchiai di olio

4 cucchiai di aceto

Sale pepe

IN LAVORAZIONE

Tagliare a pezzetti il peperone, il cipollotto, l'aglio e il cetriolo. Mescolare con olio, aceto, sale e pepe. Rimuoverla.

Pulite i porri e lessateli in acqua bollente per 15 minuti. Estrarre, asciugare e tagliare ciascuno in tre parti. Piatto e salsa con vinaigrette.

TRUCCO

Preparare una vinaigrette di pomodoro, scalogno, cappero e olive nere. Gratin di porri con mozzarella e salsa. BENE.

# PORRO, PANCETTA E CUCINA PRESSATA

INGREDIENTI

200 g di formaggio Manchego

1 litro di panna

8 uova

6 porri grandi puliti

1 confezione di pancetta affumicata

1 confezione di pasta sfoglia surgelata

Farina

Olio d'oliva

Sale pepe

IN LAVORAZIONE

Imburrate e infarinate uno stampo, quindi foderatelo con la pasta sfoglia. Mettete sopra un foglio di alluminio e delle verdure per evitare che si alzi e infornate per 15 minuti a 185ºC.

Nel frattempo, soffriggere lentamente il porro tritato finemente. Aggiungere la pancetta tritata finemente.

Mescolare l'uovo sbattuto con la panna, il porro, la pancetta e il formaggio grattugiato. Condite con sale e pepe, mettete questo composto sopra la pasta sfoglia e infornate a 165ºC per 45 minuti fino a quando non si solidifica.

TRUCCO

Per controllare se la quiche è pronta, infila uno stuzzicadenti al centro. Se esce asciutto, è segno che la torta è pronta.

# PARADISO A LA PROVENZALE

INGREDIENTI

100 g di pangrattato

4 pomodori

2 spicchi d'aglio

Prezzemolo

Olio d'oliva

Sale pepe

IN LAVORAZIONE

Sbucciare e tritare l'aglio, quindi mescolare con il pangrattato. Tagliate a metà i pomodorini e privateli dei semi.

Scaldare l'olio in una padella e aggiungere i pomodori, tagliati verso il basso. Quando la pelle inizia a sollevarsi ai bordi, capovolgila. Cuocere per altri 3 minuti e adagiarli su una teglia.

Tostare nella stessa padella il composto di pane e l'aglio. Quando è dorato, cospargere di pomodori. Riscaldate il forno a 180 gradi e cuocete per 10 minuti, facendo attenzione che non si asciughino.

TRUCCO

Di solito si consuma come contorno, ma anche come secondo piatto, con mozzarella leggermente fritta.

# CIPOLLE RIPIENE

INGREDIENTI

125 g di carne macinata

125 g di pancetta

2 cucchiai di salsa di pomodoro

2 cucchiai di pangrattato

4 cipolle grandi

1 uovo

Olio d'oliva

Sale pepe

IN LAVORAZIONE

Soffriggere la pancetta tagliata a dadini e la carne macinata con sale e pepe finché non perde il suo colore rosa. Aggiungere i pomodori e cuocere per un altro 1 minuto.

Impastare la carne con l'uovo e il pangrattato.

Rimuovere il primo strato di cipolla e il suo fondo. Coprire con acqua e cuocere per 15 minuti. Asciugare, togliere il centro e farcire con la carne. Cuocere per 15 minuti a 175 gradi.

TRUCCO

La salsa mornay può essere preparata sostituendo metà del latte con l'acqua di cottura delle cipolle. Versare sopra la salsa e gratinare.

# FUNGHI CON CREMA DI NOCI

INGREDIENTI

1 kg di funghi misti

250 ml di crema

Grappa 125 ml

2 spicchi d'aglio

Noce

Olio d'oliva

Sale pepe

IN LAVORAZIONE

Soffriggere in una padella l'aglio sfilettato. Alzate la fiamma e aggiungete i funghi puliti e affettati. Friggere per 3 minuti.

Bagnatelo con il brandy e lasciatelo raffreddare. Aggiungere la panna e cuocere lentamente per altri 5 minuti. Pestare una manciata di noci in un mortaio e versarvi sopra.

TRUCCO

I funghi coltivati e persino i funghi secchi sono buone opzioni.

# TORTA DI POMODORO E BASILICO

INGREDIENTI

½ l di panna

8 cucchiai di passata di pomodoro (vedi brodi e salse)

4 uova

8 foglie di basilico fresco

Farina

Olio d'oliva

Sale pepe

IN LAVORAZIONE

Mescolare tutti gli ingredienti fino ad ottenere una massa omogenea.

Riscaldare il forno a 170°C. Dividere in stampini infarinati e imburrati e cuocere per 20 minuti.

TRUCCO

Questo è un ottimo modo per utilizzare la salsa di pomodoro avanzata da un'altra ricetta.

# POLLO AL CURRY Stufato di patate

INGREDIENTI

1 kg di patate

½ litro di brodo di pollo

2 petti di pollo

1 cucchiaio di curry

2 spicchi d'aglio

2 pomodori

1 cipolla

1 foglia di alloro

Olio d'oliva

Sale pepe

IN LAVORAZIONE

Tagliare il seno a cubetti medi. Salare e friggere in olio bollente. Tiralo fuori e prenotalo.

Nello stesso olio fate sobbollire la cipolla e l'aglio tagliati a cubetti per 10 minuti a fuoco basso. Aggiungere il curry e friggere per un altro minuto. Aggiungete i pomodori grattugiati, alzate la fiamma e fate cuocere fino a quando i pomodori avranno perso tutta la loro acqua.

Sbucciare e sbucciare le patate. Uniteli alla salsa e cuocete per 3 minuti. Lo bagniamo con brodo e una foglia di alloro. Cuocere a fuoco basso fino a cottura delle patate, quindi salare e pepare.

TRUCCO

Versare il brodo e qualche patata e schiacciare con una forchetta. Ritorna allo stufato e cuoci, mescolando continuamente, per 1 minuto. Questo addenserà il brodo senza bisogno di farina.

# UOVO DOLCE

INGREDIENTI

8 uova

Pane abbrustolito

Sale pepe

IN LAVORAZIONE

Mettete le uova in una ciotola coperte di acqua fredda e sale. Far bollire fino a quando l'acqua bolle leggermente. Lasciare sul fuoco per 3 minuti.

Rimuovere l'uovo e raffreddarlo in acqua ghiacciata. Rompi con cura il guscio superiore come un cappello. Condire con sale e pepe e servire con grissini tostati.

TRUCCO

È importante che nel primo minuto l'uovo si muova in modo che il tuorlo sia al centro.

# LE PATATE SONO IMPORTANTI

INGREDIENTI

1 kg di patate

¾ l di brodo di pesce

1 bicchierino di vino bianco

1 cucchiaio di farina

2 spicchi d'aglio

1 cipolla

Farina e uova (per impanare)

Prezzemolo

Olio d'oliva

IN LAVORAZIONE

Sbucciare le patate e tagliarle a fette non troppo spesse. Infarinare e sbattere l'uovo. Cuocere e mettere da parte.

Tagliate la cipolla e l'aglio a pezzetti e sbucciateli. Aggiungere e tostare un cucchiaio di farina e bagnare con il vino. Lasciare raffreddare fino a quasi asciutto e bagnare con un fumatore. Far bollire per 15 minuti a fuoco basso. Aggiustare di sale e aggiungere il prezzemolo.

Aggiungere le patate alla salsa e cuocere fino a renderle morbide.

TRUCCO

Puoi aggiungere qualche pezzo di rana pescatrice o nasello e gamberetti.

# MOLLETO ALL'UOVO

INGREDIENTI

8 uova

150 g di funghi porcini secchi

50 g di burro

50 g di farina

1 dl di vino dolce

2 spicchi d'aglio

Noce moscata

Aceto

Olio

Sale pepe

IN LAVORAZIONE

Mettete a bagno i porcini in 1 litro di acqua calda per circa 1 ora. Contemporaneamente lessate le uova in acqua bollente, salata e con l'aceto per 5 minuti. Rimuovere e rinfrescare immediatamente in acqua ghiacciata. Sbucciarlo con cura.

Scolare i porcini e riservare l'acqua. Tagliare l'aglio a fettine e soffriggerlo nell'olio. Aggiungere i porcini e cuocere per 2 minuti a fuoco vivace. Condire con sale e pepe e bagnare nel vino dolce fino a quando non si ammorbidisce e la salsa si asciuga.

Sciogliere il burro in una padella con la farina. Cuocere a fuoco lento per 5 minuti senza smettere di mescolare. Versare l'acqua idratata di porcini.

Cuocere per 15 minuti a fuoco basso, mescolando continuamente. Condire e aggiungere la noce moscata.

Mettere i porcini nel piatto, poi l'uovo e guarnire con la salsa.

## TRUCCO

L'uovo morbido dovrebbe essere lasciato con la proteina della cagliata e il tuorlo liquido.

# PATATA E BIANCO

INGREDIENTI

1 kg di patate

600 g di merlano disossato e senza pelle cod

4 cucchiai di salsa di pomodoro

1 cipolla grande

2 spicchi d'aglio

1 foglia di alloro

Marca

Olio d'oliva

Sale pepe

IN LAVORAZIONE

Sbucciare le patate, tagliarle in quarti e lessarle in acqua salata per 30 minuti. Scolare e passare al passaverdure. Stendere la purea su pellicola trasparente e tenere da parte.

Tritare la cipolla e l'aglio a pezzetti. Soffriggere a fuoco medio per 5 minuti, quindi aggiungere le foglie di alloro e il merlano tritato e condito. Cuocere a fuoco lento senza smettere di mescolare per altri 5 minuti, bagnare con un goccio di brandy e lasciar riposare. Aggiungere la salsa di pomodoro e cuocere per un altro minuto. Lasciate raffreddare.

Distribuire il merlano sulla base di patate, arrotolare a forma di gipsy roll e conservare in frigorifero fino al momento di servire.

## TRUCCO

Si può fare con qualsiasi pesce fresco o surgelato. Servire con salsa rosa o salsa aioli.

# USANDO IL COCIDO DI OMLET (VECCHI VESTITI)

INGREDIENTI

Bacchette da 125 g

100 g di pollo o pollo

60 g di cavolo

60 g di pancetta

1 cucchiaino di paprika

3 spicchi d'aglio

1 sanguinaccio

1 salsiccia

1 cipolla

2 cucchiai di olio d'oliva

sale

## IN LAVORAZIONE

Tritare la cipolla e l'aglio a pezzetti. Cuocere a fuoco lento per 10 minuti. Tagliare a pezzetti la carne cotta e il cavolo e aggiungerli alla cipolla. Friggere a fuoco medio fino a quando la carne è dorata e dorata.

Sbattere le uova e unirle alla carne. Aggiustare di sale.

Riscaldare bene la padella, aggiungere l'olio e friggere la tortilla su entrambi i lati.

TRUCCO

Servire con una buona salsa di pomodoro al cumino.

# PATATE RIPIENE DI AFFUMICATO RIPIENE DI LACACUE, PANCETTA E DIJZANI

INGREDIENTI

4 patate medie

250 g di pancetta

150 g di parmigiano

200 g di salmone affumicato

½ l di panna

1 melanzana

Olio d'oliva

Sale pepe

IN LAVORAZIONE

Lavate bene le patate e cuocetele con la buccia a fuoco medio per 25 minuti o finché non saranno morbide. Scolare, tagliare a metà e scolare, lasciando uno strato leggero. Mantenere intatte le patate e scolarle.

Soffriggere in una padella ben calda la pancetta tagliata a striscioline. Rimuovi e prenota. Nello stesso olio fate rosolare le melanzane tagliate a cubetti per 15 minuti o finché non saranno morbide.

Mettere in una casseruola le patate scolate, le melanzane bollite, la pancetta, il salmone a fette, il parmigiano e la panna. Cuocete per 5 minuti a fuoco medio, poi salate e pepate.

Riempire le patate con il composto precedente e gratinarle a 180 ºC fino a doratura.

TRUCCO

Potete anche fare delle melanzane con lo stesso ripieno.

# CROCCHETTE DI PATATE E FORMAGGIO

INGREDIENTI

500 g di patate

150 gr parmigiano grattugiato

50 g di burro

Farina, uova e pangrattato (per impanare)

2 tuorli d'uovo

Noce moscata

Sale pepe

IN LAVORAZIONE

Sbucciare le patate, tagliarle in quarti e lessarle a fuoco medio con acqua e sale per 30 minuti. Scolare e passare al passaverdure. Quando è ben caldo unire il burro, il tuorlo d'uovo, il sale, il pepe, la noce moscata e il parmigiano. Lasciate raffreddare.

Formate delle crocchette e passatele nella farina, nell'uovo sbattuto e nel pangrattato. Friggere in abbondante olio fino a doratura.

TRUCCO

Prima di coprire, mettere al centro della crocchetta 1 cucchiaino di salsa di pomodoro e un pezzo di salsiccia appena cotta. Sono deliziosi.

# BUON FRITTO FRITTO

INGREDIENTI

1 kg di patate tardive o medio-tardive (varietà acida o Monalisa)

1 litro di olio d'oliva

sale

IN LAVORAZIONE

Sbucciare le patate e tagliarle a cubetti regolari. Lavateli in abbondante acqua fredda finché non diventano completamente trasparenti. asciugare bene

Scaldare l'olio in una padella a fuoco medio a circa 150 gradi. Quando inizia a bollire leggermente ma costantemente, aggiungi le patate e friggi fino a renderle molto morbide, facendo attenzione a non romperle.

Alzate la fiamma con l'olio molto caldo e aggiungete le patate poco per volta, mescolando con un cucchiaio. Cuocere fino a doratura e croccante. Scolatela e scolate l'olio in eccesso e il sale.

TRUCCO

Entrambe le temperature dell'olio sono importanti. Questo lo rende molto morbido all'interno e croccante all'esterno. Aggiungere il sale alla fine.

# UOVO ALLA FIORENTINA

INGREDIENTI

8 uova

800 g di spinaci

150 gr di prosciutto crudo

1 spicchio d'aglio

Besciamella (vedi Brodi e Salse)

sale

IN LAVORAZIONE

Lessare gli spinaci in acqua bollente salata per 5 minuti. Rinfrescare e strizzare per eliminare l'acqua. Tritare finemente e mettere da parte.

Tritare l'aglio e soffriggere a fuoco medio per 1 minuto. Aggiungere il prosciutto a dadini e cuocere per un altro 1 minuto. Alzate la fiamma, aggiungete gli spinaci e fate cuocere per altri 5 minuti. Quindi dividere gli spinaci in 4 pentole di terracotta.

Versare 2 uova sbattute sugli spinaci. Spalmare con la besciamella e infornare per 8 minuti a 170ºC.

TRUCCO

Fiorentino è il nome dato alle preparazioni a base di spinaci.

# PATATE ARROSTITE CON MOUN FISH E GRANCHIO

INGREDIENTI

4 patate

300 g di pura rana pescatrice disossata

250 g di gamberi sgusciati

½ litro di succo di pesce

1 bicchiere di vino bianco

1 cucchiaio di pasta di pepe chorizo

1 cucchiaino di paprika

8 fili di zafferano

3 fette di pane tostato

2 spicchi d'aglio

1 cipolla

Olio d'oliva

Sale pepe

IN LAVORAZIONE

Fai sobbollire la cipolla e l'aglio tritato a fuoco basso per 10 minuti. Aggiungere le fette di pane e tostare. Aggiungere lo zafferano, la paprika e il peperoncino chorizo. Friggere per 2 minuti.

Prenota le patate e aggiungi alla salsa. Friggere per 3 minuti. Aggiungere il vino e lasciare raffreddare completamente.

Versare sopra il brodo e cuocere a fuoco basso fino a quando le patate sono quasi pronte. Aggiungere la coda di rospo tagliata a pezzetti e i gamberi sgusciati. Condire e cuocere per altri 2 minuti. Lasciare riposare per 5 minuti, togliere dal fuoco.

TRUCCO

Cachelar potato significa tagliarla a pezzi senza tagliarla completamente. Questo renderà il brodo più denso.

# UOVO IN STILE FLAMENCO

INGREDIENTI

8 uova

200 g di salsa di pomodoro

1 barattolo piccolo di peperoni piquillo

4 cucchiai di piselli lessati

4 fette di prosciutto serrano

4 fette spesse di chorizo

4 barattoli di asparagi

IN LAVORAZIONE

Dividi la salsa di pomodoro tra 4 pentole di coccio. Metti 2 uova sbattute in ciascuna e dividi i piselli spezzati, il chorizo e il prosciutto, oltre a peperoni e asparagi in pile diverse.

Cuocere in forno a 190 gradi fino a quando le uova sono leggermente morbide.

TRUCCO

Questo può essere fatto con la botifarra e persino con la salsiccia fresca.

# TORTILLA PAISANA

INGREDIENTI

6 uova

3 patate grandi

25 g di piselli lessati

25 g di salsiccia

25 g di prosciutto serrano

1 peperone verde

1 peperone rosso

1 cipolla

Olio d'oliva

Sale pepe

IN LAVORAZIONE

Tagliare la cipolla e il peperone a pezzetti. Tagliare le patate sbucciate a fettine molto sottili. Friggere le patate con cipolle e peperoni a fuoco medio.

Soffriggere il chorizo e il prosciutto tagliato a cubetti. Scolare le patate con le cipolle e i peperoni. Mescolare con chorizo e prosciutto. Aggiungi i piselli.

Sbattere le uova, condirle con sale e pepe, quindi unirle alle patate e agli altri ingredienti. Scaldate bene una padella media, aggiungete il composto precedente e frullate su entrambi i lati.

## TRUCCO

Non devi dormire molto, perché sarà pronto con il calore residuo. Questo lo renderà più succoso.

# Uova strapazzate con salsiccia e senape

INGREDIENTI

8 uova

2 salsicce affumicate tedesche

5 cucchiai di senape

4 cucchiai di panna

2 sottaceti

Sale pepe

IN LAVORAZIONE

Mescolare il cetriolo tritato finemente con la senape e la panna.

Affettare sottilmente la salsiccia sul fondo di 4 pentole di terracotta. Coprire con salsa di senape, quindi aggiungere ciascuno con 2 uova sbattute. La stagione.

Cuocere in forno a 180 gradi fino a quando la proteina è morbida.

TRUCCO

Aggiungere 2 cucchiai di parmigiano grattugiato e qualche rametto di timo fresco alla crema di senape.

# PIANTE DI PATATE A MARZO

INGREDIENTI

7 uova grandi

Cuocere 800 g di patate

1 dl di vino bianco

¼ litro di brodo di pollo

1 cucchiaio di prezzemolo fresco

1 cucchiaino di paprika

1 cucchiaino di farina

3 spicchi d'aglio

olio vergine d'oliva

sale

IN LAVORAZIONE

Tritate finemente l'aglio e fatelo soffriggere a fuoco medio per 3 minuti senza farlo dorare troppo. Aggiungere la farina e friggere per 2 minuti. Aggiungere la paprika e friggere per 5 secondi. Bagnatela con il vino e fatela raffreddare completamente. Coprite con il brodo e fate cuocere per 10 minuti a fuoco basso, mescolando di tanto in tanto. Salate e cospargete di prezzemolo.

Pela le patate. Tagliateli in quarti nel senso della lunghezza e affettateli sottilmente. friggere fino a renderle morbide e leggermente dorate.

Sbattere le uova e aggiustare di sale. Scolate bene le patate e aggiungetele all'uovo sbattuto. Aggiustare di sale.

Scaldate la padella, aggiungete 3 cucchiai dell'olio usato per friggere le patate, quindi aggiungete il composto di uova e patate. Mescolare per 15 secondi in alto. Giralo con un piatto. Scaldate la padella e aggiungete altri 2 cucchiai di olio di frittura delle patate. Aggiungere la tortilla e tostare in alto per 15 secondi. Salare e cuocere a fuoco basso per 5 minuti.

TRUCCO

Per questa ricetta puoi utilizzare il brodo avanzato di stufati o piatti di riso.

# BASE DI SCHIACCIAMENTO

INGREDIENTI

1 kg di patate

200 g di merluzzo senza sale

100 ml di vino bianco

3 porri medi

1 cipolla grande

IN LAVORAZIONE

Lessare il merluzzo in 1 l di acqua fredda per 5 minuti. Togliere il merluzzo, spezzettarlo e togliere le lische. Conservare l'acqua di cottura.

Tagliare a julienne la cipolla e farla stufare in padella a fuoco basso per circa 20 minuti. Tagliare il porro a fettine leggermente spesse e unirlo alla cipolla. Cuocere a fuoco lento per altri 10 minuti.

Cachelar (strappare, non tagliare) le patate e aggiungerle allo stufato quando i porri sono cotti. Rosolare un po' le patate, alzare la fiamma e sfumare con il vino bianco. Lascialo ridurre.

Lo spezzatino viene bagnato nell'acqua di bollitura del baccalà, condito con sale (deve risultare un po' morbido) e cotto fino a quando le patate sono morbide. Aggiungere il merluzzo e cuocere per un altro 1 minuto. Salare e lasciare coperto per 5 minuti.

TRUCCO

Trasforma questo stufato in crema. Ha solo bisogno di essere schiacciato e filtrato. BENE.

# FREAKS

INGREDIENTI

500 g di patate

1 bicchiere di vino bianco

1 cipolla piccola

1 peperone verde

Olio d'oliva

sale

IN LAVORAZIONE

Sbucciare le patate e tagliarle a fettine sottili. Tagliare la cipolla e il peperone a julienne. Lo mettiamo su una teglia. Aggiustate di sale e ricoprite bene di olio. Mescolare per ricoprire bene e coprire con un foglio di alluminio.

Cuocere a 160ºC per 1 ora. Togliere, rimuovere la carta e bagnare con il bicchiere di vino.

Cuocere scoperto a 200 gradi per altri 15 minuti.

TRUCCO

Potete sostituire il vino con ½ bicchiere d'acqua, ½ bicchiere di aceto e 2 cucchiai di zucchero.

# Funghi fritti

INGREDIENTI

8 uova

500 g di funghi puliti e affettati

100 g di prosciutto serrano a dadini

8 fette di pane tostato

2 spicchi d'aglio

Olio d'oliva

IN LAVORAZIONE

Tagliate l'aglio a fettine e fatelo soffriggere leggermente con il prosciutto tagliato a dadini senza aggiungere colore. Alzate la fiamma, aggiungete i funghi puliti e affettati e fate soffriggere per 2 minuti.

Aggiungere l'uovo sbattuto, mescolando continuamente, finché non diventa leggermente duro e spumoso.

TRUCCO

Non c'è bisogno di aggiungere sale perché lo fornisce il prosciutto serrano.

# UOVA SU TALDI con acciughe e olive

INGREDIENTI

8 uova

500 g di pomodori

40 g di olive nere snocciolate

12 acciughe

10 capperi

3 spicchi d'aglio

1 cipollotto

origano

Zucchero

Olio d'oliva

sale

IN LAVORAZIONE

Tritare finemente l'aglio e la cipolla. Arrostire per 10 minuti a fuoco basso.

Sbucciate i pomodori, privateli dei semi e tagliateli a piccoli cubetti. Aggiungere l'aglio e la cipolla alla salsa. Alzate la fiamma e fate cuocere fino a quando i pomodori perderanno tutta la loro acqua. Aggiustare di sale e zucchero.

Dividi i pomodori in pentole di terracotta. Aggiungere 2 uova sbattute e versare sopra il resto degli ingredienti tritati. Cuocere in forno a 180 gradi fino a quando la proteina è morbida.

TRUCCO

L'aggiunta di zucchero alle ricette che utilizzano i pomodori aiuta a bilanciare l'acidità che fornisce.

# CREMA DI PATATE CON PANCETTA E PARMIGIANO

INGREDIENTI

1 kg di patate

250 g di pancetta

150 g di parmigiano

300 ml di crema

3 cipolle

Noce moscata

Olio d'oliva

Sale pepe

IN LAVORAZIONE

Mescolare la panna con il formaggio, il sale, il pepe e la noce moscata in una ciotola.

Sbucciare le patate e le cipolle e tagliarle a fettine sottili. Cuocere a fuoco lento in una padella fino a renderla morbida. Scolare e condire.

Soffriggere la pancetta tagliata a listarelle separate e metterla nella padella con le patate.

Disporre le patate in una pirofila, spalmarle di panna e infornare a 175°C fino a quando la gratinata sarà sopra.

TRUCCO

Questa ricetta può essere fatta senza far bollire le patate. Hai solo bisogno di cuocere a 150 gradi per 1 ora.

# UOVA SODE

INGREDIENTI

8 uova

sale

IN LAVORAZIONE

Lessare le uova in acqua bollente per 11 minuti.

Rinfrescare con acqua e ghiaccio, quindi sbucciare.

TRUCCO

Per facilitare la sbucciatura, aggiungere abbondante sale all'acqua bollente e sbucciare subito dopo il raffreddamento.

# PATATE RUGOSE

### INGREDIENTI

1 kg di patate piccole

500 g di sale grosso

### IN LAVORAZIONE

Lessare le patate in acqua salata fino a renderle morbide. Dovrebbero essere completamente coperti con un altro dito d'acqua. Scolare le patate.

Rimettete le patate nella stessa pentola (senza lavarle) e ponetele sul fuoco basso, mescolando delicatamente fino a quando non saranno asciutte. In questo caso su ogni patata si forma un piccolo strato di sale e la buccia si raggrinzisce.

### TRUCCO

Si sposa perfettamente con il pesce salato. Provalo con il pesto.

# UOVO IN POLVERE CON FUNGHI, GRANCHI E UCCELLINO SELVATICO

INGREDIENTI

8 uova

300 g di funghi freschi

100 g di gamberi

250 ml di brodo

2 cucchiai Pedro Ximenez

1 cucchiaino di farina

1 mazzetto di asparagi selvatici

Olio d'oliva

1 dl di aceto

Sale pepe

IN LAVORAZIONE

Lessate le uova in abbondante acqua bollente salata e abbondante aceto. Spegnere il fuoco, coprire la padella e attendere 3 o 4 minuti. L'albume deve essere cotto e il tuorlo liquido. Rimuovere, scolare e condire.

Pulire gli asparagi e tagliarli a metà nel senso della lunghezza. Rosolateli in padella a fuoco vivo, salateli e metteteli da parte. Friggere i gamberi sgusciati e conditi nello stesso olio a fuoco molto vivo per 30 secondi. Ritiro.

Nella stessa padella soffriggere i funghi affettati a fuoco vivace per 1 minuto, aggiungere la farina e friggere per un altro minuto. Idratalo con Pedro Ximénez finché non si ammorbidisce e si asciuga. Versare sopra la salamoia e portare a ebollizione.

Mettere gli asparagi, i gamberi e i funghi su un piatto e aggiungere le uova. Salsa con salsa Pedro Ximénez.

TRUCCO

Bollire il brodo con 1 rametto di rosmarino fino a raggiungere la metà del suo volume.

# PATATE FRITTE CON CHORIZO E VESTITO VERDE

INGREDIENTI

6 uova

120 g di chorizo tritato

4 patate

2 peperoni verdi italiani

2 spicchi d'aglio

1 cipollotto

Olio d'oliva

Sale pepe

IN LAVORAZIONE

Sbucciare le patate, lavarle e tagliarle a cubetti medi. Lavare accuratamente fino a quando l'acqua non scorre limpida. Cipolle e peperoni a julienne.

Friggere le patate in abbondante olio caldo, quindi aggiungere i peperoni e i cipollotti fino a quando le verdure saranno dorate e morbide.

Scolare le patate, gli scalogni e i peperoni. Lasciare un filo d'olio nella padella per dorare il chorizo tritato. Mescolare nuovamente le patate con le cipolle e i peperoni. Aggiungere le uova sbattute e mescolare leggermente. Aggiungi sale e pepe.

TRUCCO

Puoi sostituire il chorizo con sanguinaccio, chistorra e persino botifarra.

# PATATE POVERE

INGREDIENTI

1 kg di patate

3 spicchi d'aglio

1 peperone verde piccolo

1 peperoncino rosso piccolo

1 cipolla piccola

Prezzemolo fresco

Olio d'oliva

4 cucchiai di aceto

sale

IN LAVORAZIONE

Schiacciate l'aglio con il prezzemolo, l'aceto e 4 cucchiai d'acqua.

Sbucciare le patate e tagliarle a pezzi, come per una frittata. Soffriggere in abbondante olio caldo, quindi aggiungere cipolla e peperone tagliati a julienne fine. Continuare la cottura fino a quando saranno leggermente dorati.

Rimuovere e scolare le patate, le cipolle e i peperoni. Aggiungere l'aglio schiacciato e l'aceto. Togliere e salare.

TRUCCO

Un accompagnamento ideale per tutte le carni, specialmente quelle grasse come l'agnello e il maiale.

# IL GRANDUCA HA RUBATO LE UOVA

INGREDIENTI

8 uova

125 gr di parmigiano

30 g di burro

30 g di farina

½ litro di latte

4 fette di pane tostato

Noce moscata

Aceto

Sale pepe

IN LAVORAZIONE

Per preparare la besciamella si fa tostare la farina nel burro per 5 minuti a fuoco lento, si aggiunge il latte, sempre mescolando, e si fa cuocere per altri 5 minuti. Condire con sale, pepe e noce moscata.

Lessate le uova in abbondante acqua bollente salata e abbondante aceto. Spegnere il fuoco, coprire la padella e attendere 3 o 4 minuti. Rimuovere e scolare.

Adagiare l'uovo in camicia sul pane tostato e cospargere con la besciamella. Cospargere con parmigiano grattugiato e arrostire in forno.

TRUCCO

Quando l'acqua bolle, mescola con un fiammifero e aggiungi subito l'uovo. Ci dà una forma rotonda e perfetta.

# PATATE con le costine

INGREDIENTI

3 patate grandi

1 kg di costine di maiale marinate

4 cucchiai di salsa di pomodoro

2 spicchi d'aglio

1 foglia di alloro

1 peperone verde

1 peperone rosso

1 cipolla

Olio d'oliva

sale

IN LAVORAZIONE

Tagliare a metà le costine e friggerle in una padella molto calda. Tiralo fuori e prenotalo.

Nello stesso olio soffriggere i peperoni, l'aglio e le cipolle tagliate a pezzi medi. Quando le verdure si saranno ammorbidite, aggiungete la passata di pomodoro e aggiungete nuovamente le costine. Mescolare e coprire con acqua. Aggiungere le foglie di alloro e cuocere a fuoco basso fino a renderle quasi morbide.

Quindi aggiungere le patate fritte. Salate e fate cuocere fino a quando le patate saranno morbide.

## TRUCCO

Piastrellare una patata significa schiacciarla con un coltello senza tagliarla completamente. Questo assicura che l'amido sia separato dalla patata e che il brodo sia più ricco e denso.

# UOVA DEPOSITE

## INGREDIENTI

8 uova

70 g di burro

70 g di farina

Farina, uova e pangrattato (per impanare)

½ litro di latte

Noce moscata

Olio d'oliva

Sale pepe

## IN LAVORAZIONE

Scaldare una padella con dell'olio d'oliva, friggere le uova, lasciando i tuorli crudi o pochissimo. Scolate, salate e togliete l'olio in eccesso.

La besciamella si prepara friggendo la farina nel burro fuso per 5 minuti. Aggiungere il latte, mescolando continuamente, e cuocere a fuoco medio per 10 minuti. Condire con spezie e noce moscata.

Distribuire con cura la besciamella su tutti i lati delle uova. Lasciar raffreddare in frigo.

Sbattete le uova con la farina, l'uovo sbattuto e il pangrattato, quindi friggetele in abbondante olio caldo fino a doratura.

## TRUCCO

Più l'uovo è fresco, meno schizza durante la cottura. Per fare questo, tirali fuori dal frigorifero 15 minuti prima della cottura.

# PATATE ALLE NOCCIOLE

INGREDIENTI

750 g di patate

25 g di burro

1 cucchiaino di prezzemolo fresco tritato

2 cucchiai di olio d'oliva

Sale pepe


IN LAVORAZIONE

Sbucciare le patate e formare delle palline. Lessateli in una casseruola in acqua fredda condita con sale. Quando bolle per la prima volta, attendi 30 secondi e scola.

Sciogliere il burro in una padella con l'olio. Aggiungere le patate scolate e scolate e cuocere a fuoco medio finché le patate non saranno dorate e morbide all'interno. Aggiungere sale, pepe e prezzemolo.


TRUCCO

Possono anche essere cotti in forno a 175 gradi, mescolando di tanto in tanto, finché non sono morbidi e dorati.

# UOVO DI MOLLE

INGREDIENTI

8 uova

sale

Aceto

IN LAVORAZIONE

Lessare le uova in acqua bollente con sale e aceto per 5 minuti. Tiralo fuori e raffreddalo immediatamente in acqua ghiacciata, quindi rimuovilo con cura.

TRUCCO

Aggiungi molto sale all'acqua per rendere più facile la sbucciatura delle uova sode.

# PATATE ALLA RIOJANA

INGREDIENTI

2 patate grandi

1 cucchiaino di chorizo o pasta di pepe ñora

2 spicchi d'aglio

1 chorizo asturiano

1 peperone verde

1 foglia di alloro

1 cipolla

Paprica

4 cucchiai di olio d'oliva

sale

IN LAVORAZIONE

Soffriggere l'aglio tritato nell'olio per 2 minuti. Aggiungere le cipolle e i peperoni tagliati a julienne e soffriggere a fuoco medio per 25 minuti (il colore deve essere caramellato). Aggiungere un cucchiaino di peperoncino chorizo.

Aggiungere il chorizo tritato e soffriggere per altri 5 minuti. Aggiungere le patate cachelada e cuocere per altri 10 minuti, mescolando continuamente. Condire con sale.

Aggiungere la paprika e coprire con acqua. Cuocere con le foglie di alloro a fuoco molto basso fino a quando le patate saranno morbide.

## TRUCCO

Possiamo fare la crema dal resto. Questo è un ottimo antipasto.

# SUBA DI PATATE

INGREDIENTI

3 patate grandi

1 kg di calamari puri

3 spicchi d'aglio

1 lattina di piselli

1 cipolla grande

Brodo di pesce

Prezzemolo fresco

Olio d'oliva

sale

IN LAVORAZIONE

Tagliate a pezzetti la cipolla, l'aglio e il prezzemolo. Friggere tutto in una padella a fuoco medio.

Quando le verdure saranno rosolate, alzate la fiamma al massimo e cuocete a vapore per 5 minuti le seppie tagliate a pezzi medi. Versare sopra il pesce (o acqua fredda) e cuocere fino a quando i calamari sono teneri. Salare, quindi aggiungere patate e piselli sbucciati e cachelada.

Ridurre il fuoco e cuocere fino a quando le patate sono pronte. Aggiustare di sale e servire caldo.

## TRUCCO

È molto importante cuocere a vapore i calamari a fuoco molto alto, altrimenti risulteranno duri e poco succosi.

# FRITTA DI GRANCHIO CON AGLIO

INGREDIENTI

8 uova

350 g di gamberi sgusciati

4 spicchi d'aglio

1 Caienna

Olio d'oliva

sale

IN LAVORAZIONE

Tagliare l'aglio a fettine e soffriggerlo leggermente con il pepe di cayenna. Aggiungere i gamberi, aggiustare di sale e togliere dal fuoco. Scolare i gamberi, l'aglio e il pepe di cayenna.

Riscaldare bene la padella con olio all'aglio. Sbattere e condire le uova. Aggiungere i gamberi e l'aglio e mescolare delicatamente per ricoprire.

TRUCCO

Per evitare che la tortilla si attacchi alla padella, scaldala bene prima di aggiungere l'olio.

# PATATE AL VAPORE CON SPIEDINI

INGREDIENTI

1 kg di patate

500 g di merluzzo senza sale

set da 1 litro

2 spicchi d'aglio

1 peperone verde

1 peperone rosso

1 cipolla

prezzemolo fresco tritato

Olio d'oliva

sale

IN LAVORAZIONE

Tagliare a pezzetti la cipolla, l'aglio e il peperone. Stufare le verdure a fuoco basso per 15 minuti.

Aggiungi le patate cacheladas (strappate, non tagliate) e friggi per altri 5 minuti.

Condire con sale affumicato e cuocere fino a quando le patate sono quasi pronte. Quindi aggiungere il merluzzo e il prezzemolo e cuocere per 5 minuti. Aggiustare di sale e servire caldo.

## TRUCCO

Aggiungere 1 bicchiere di vino bianco e un paio di peperoni di cayenna prima di fumare.

# PURÈ DI PATATE

INGREDIENTI

400 g di patate

100 g di burro

200 ml di latte

1 foglia di alloro

Noce moscata

Sale pepe

IN LAVORAZIONE

Lessare le patate lavate e tagliate con le foglie di alloro a fuoco medio fino a renderle morbide. Scolate le patate e passatele allo schiacciapatate.

Far bollire il latte con il burro, la noce moscata, il sale e il pepe.

Versare il latte sulle patate e sbattere con un fiammifero. Se necessario, sostituire ciò che manca.

TRUCCO

Aggiungere 100 g di parmigiano grattugiato e sbattere con una frusta. Il risultato è delizioso.

# AVENA ORTILLA CON MORCILLA

INGREDIENTI

8 uova

400 g di fagioli

150 g di sanguinaccio

1 spicchio d'aglio

1 cipolla

Olio d'oliva

sale

IN LAVORAZIONE

Cuocere i fagioli in acqua bollente con un po' di sale fino a renderli morbidi. Scolare e rinfrescare con acqua fredda e ghiaccio.

Tritare la cipolla e l'aglio a pezzetti. Fate sobbollire a fuoco basso insieme al sanguinaccio per 10 minuti, facendo attenzione che non si rompa. Aggiungere i fagioli e cuocere per altri 2 minuti.

Sbattere l'uovo e il sale. Aggiungere i fagioli e farli rosolare in una padella ben calda.

TRUCCO

Se vuoi fare un piatto ancora più sontuoso, rimuovi la buccia dai fagioli subito dopo che si sono raffreddati. Ha una consistenza più fine.

# L'ha fritto

INGREDIENTI

8 uova

100 g di germogli di aglio

8 fette di pane tostato

8 asparagi selvatici

2 spicchi d'aglio

Olio d'oliva

Sale pepe

IN LAVORAZIONE

Tagliare a pezzetti i germogli di aglio e gli asparagi sbucciati. Tagliate l'aglio a fettine e soffriggetelo insieme ai germogli d'aglio e agli asparagi. La stagione.

Aggiungere l'uovo sbattuto, mescolando continuamente, fino a quando non si addensa leggermente. Le uova strapazzate vengono servite su fette di pane tostato

TRUCCO

Le uova possono essere preparate anche in una ciotola a bagnomaria, a fuoco medio, mescolando continuamente. Hanno una consistenza cremosa.

# PATATE AL VAPORE CON NUSZKALA

INGREDIENTI

6 patate grandi

500 g di finferli

1 cucchiaino raso di paprika dolce

1 spicchio d'aglio

1 cipolla

½ peperone verde

½ peperone rosso

paprika piccante

Brodo di carne (quanto basta per coprire)


IN LAVORAZIONE

Tagliare le verdure a pezzetti e friggerle a fuoco basso per 30 minuti. Aggiungere le patate cachelada (tritate, non tagliate) e friggere per 5 minuti. Aggiungere finferli puliti in quarti senza gambo.

Friggere per 3 minuti, quindi aggiungere la paprika e un pizzico di peperoncino. Versare sopra il brodo e aggiustare di sale (deve risultare leggermente morbido). Cuocere a fuoco basso e aggiungere il sale.


TRUCCO

Togliere un po' di patate lesse con un po' di brodo, schiacciarle e unirle nuovamente allo stufato per addensare la salsa.

# FRITTATA DI ISTRICE

INGREDIENTI

8 uova

400 g di porcini puri

150 g di gamberi

3 spicchi d'aglio

2 cucchiai di olio d'oliva

Sale pepe

IN LAVORAZIONE

Tritare l'aglio a pezzetti e soffriggerlo un po 'in una padella a fuoco medio.

Tritate i porcini, alzate la fiamma e aggiungeteli nella padella con l'aglio. Cuocere per 3 minuti. Aggiungere i gamberi sgusciati e conditi e friggere per un altro 1 minuto.

Sbattere le uova e aggiungere il sale. Aggiungere porcini e gamberi. Scaldare molto bene la padella con 2 cucchiai di olio e frullare entrambi i lati della tortilla.

TRUCCO

Una volta amalgamati tutti gli ingredienti, aggiungete un goccio di olio caldo al tartufo. gioia

# UN UOVO PARZIALE

INGREDIENTI

8 uova

125 gr di parmigiano

8 fette di prosciutto serrano

8 fette di pane tostato

Besciamella (vedi Brodi e Salse)

Aceto

Sale pepe

IN LAVORAZIONE

Lessate le uova in abbondante acqua bollente salata e abbondante aceto. Spegnere il fuoco, coprire la padella e attendere 3 o 4 minuti. Rimuovere e rinfrescare con acqua e ghiaccio. Togliere con un cucchiaio e adagiare su carta assorbente.

Dividi il prosciutto serrano in 4 cosce. Mettete sopra le uova, versate sopra la besciamella e cospargete sopra il parmigiano grattugiato. Grigliare fino a quando il formaggio è dorato.

TRUCCO

Può essere fatto con pancetta affumicata e persino sobrasada.

# FRITTATA ESTIVA DI MOTOCOTOGNE E POMODORI

INGREDIENTI

8 uova

2 pomodori

1 zucchina

1 cipolla

Olio d'oliva

sale

IN LAVORAZIONE

Tagliare la cipolla a listarelle sottili e soffriggere a fuoco basso per 10 minuti.

Tagliate a fettine le zucchine e i pomodori e fateli soffriggere in una padella ben calda. Quando le zucchine saranno dorate, tagliate le zucchine e i pomodori a listarelle sottili. Aggiungere la cipolla e aggiustare di sale.

Sbattete le uova e aggiungetele alle verdure. Aggiustare di sale. Riscaldate bene la padella e adagiate la tortilla a metà, toccando tutta la superficie della padella, quindi arrotolatela su se stessa.

TRUCCO

Da provare con melanzane a dadini e besciamella.

# MERLUZZO AJOARRIERO

### INGREDIENTI

400 g di schiacciata di baccalà senza sale

2 cucchiai di peperoncino chorizo idratato

2 cucchiai di salsa di pomodoro

1 peperone verde

1 peperone rosso

1 spicchio d'aglio

1 cipolla

1 peperoncino

Olio d'oliva

sale

### IN LAVORAZIONE

Julienne le verdure e fate sobbollire a fuoco medio-basso fino a quando saranno molto tenere. Per il sale.

Aggiungere un cucchiaio di peperoncino chorizo, salsa di pomodoro e peperoncino. Aggiungere il merluzzo tritato e cuocere per 2 minuti.

### TRUCCO

Il ripieno perfetto per una deliziosa empanada.

# Cacca DI SHERRY AL VAPORE

INGREDIENTI

750 g di finferli

600 ml di vino sherry

1 foglia di alloro

1 spicchio d'aglio

1 limone

2 cucchiai di olio d'oliva

sale

IN LAVORAZIONE

Sciacquare i finferli.

Versare 2 cucchiai di olio in una padella calda e soffriggere leggermente l'aglio tritato.

Aggiungere le cozze, il vino, l'alloro, il limone e il sale tutto in una volta. Coprire e cuocere finché non si aprono.

Servire le cozze con la salsa.

TRUCCO

Risciacquare significa immergere le conchiglie in acqua fredda con abbondante sale per rimuovere sabbia e sporcizia.

# TUTTO DA I PEBRE MONDFISH CON GRANCHIO

INGREDIENTI

## Per il brodo di pesce

15 testa e corpo di gambero

1 testa o 2 ossa di coda di diavolo o pesce bianco

Ketchup

1 cipollotto

1 porro

sale

## per lo stufato

1 coda del diavolo grande (o 2 piccole)

corpi di gamberi

1 cucchiaio di paprika dolce

8 spicchi d'aglio

4 patate grandi

3 fette di pane

1 Caienna

mandorle non pelate

Olio d'oliva

Sale pepe

IN LAVORAZIONE

## Per il brodo di pesce

Prepariamo la zuppa di pesce friggendo corpi di gamberi e salsa di pomodoro. Aggiungere le ossa o la testa di rana pescatrice e le verdure fritte. Versare acqua e far bollire per 20 minuti, filtrare e salare.

## per lo stufato

Soffriggere l'aglio non tritato in una padella. Rimuovi e prenota. Friggere le mandorle nello stesso olio. Rimuovi e prenota.

Friggere il pane nello stesso olio. Ritiro.

Pestare in un mortaio l'aglio, una manciata di mandorle intere non pelate, le fette di pane e il pepe di cayenna.

Quando l'aglio sarà imbiondito, soffriggere i peperoni nell'olio, facendo attenzione a non bruciarli, quindi unirli al brodo.

Aggiungere le patate fritte e cuocere fino a renderle morbide. Aggiungere le vongole condite e cuocere per 3 minuti. Aggiungere la carne e i gamberi e cuocere per altri 2 minuti fino a quando la salsa si addensa. Aggiustare di sale e servire caldo.


TRUCCO

Usa abbastanza fumo per coprire le patate. Il pesce più comune per questa ricetta è l'anguilla, ma si può preparare qualsiasi pesce carnoso come il palombo o il grongo.

# DISEGNO GRIGLIA

INGREDIENTI

1 orata pulita, eviscerata e squamata

25 g di pangrattato

2 spicchi d'aglio

1 peperoncino

Aceto

Olio d'oliva

sale

IN LAVORAZIONE

Orata sale e olio dentro e fuori. Spolverizzate di pangrattato e infornate a 180° per 25 minuti.

Contemporaneamente fate rosolare a fuoco medio l'aglio sfilettato e il peperoncino. Togliete dal fuoco una goccia di aceto e spennellate l'orata con questa salsa.

TRUCCO

Cesellare significa fare dei tagli lungo la larghezza del pesce per cuocerlo più velocemente.

# VONGOLE MARINERA

INGREDIENTI

1 kg di cozze

1 bicchierino di vino bianco

1 cucchiaio di farina

2 spicchi d'aglio

1 pomodoro piccolo

1 cipolla

½ peperoncino

colorante alimentare o zafferano (facoltativo)

Olio d'oliva

sale

IN LAVORAZIONE

Immergete le conchiglie in acqua fredda con abbondante sale per qualche ora per eliminare l'eventuale terra residua.

Dopo la pulizia, cuocere le cozze nel vino e ¼ l di acqua. Dopo l'apertura, rimuovere e conservare il liquido.

Tagliate a pezzetti la cipolla, l'aglio e il pomodoro e fateli soffriggere in poco olio. Aggiungere il peperoncino e cuocere fino a quando tutto è molto morbido.

Aggiungere un cucchiaio di farina e cuocere per altri 2 minuti. Lavatele con l'acqua di cottura delle cozze. Far bollire per 10 minuti, quindi aggiungere il sale. Aggiungere le vongole e cuocere per un altro minuto. Ora aggiungi il colorante alimentare o lo zafferano.

## TRUCCO

Il vino bianco può essere sostituito con vino dolce. La salsa è molto buona.

# CAPITALE CON PILPIL

INGREDIENTI

4 o 5 filetti di merluzzo senza sale

4 spicchi d'aglio

1 peperoncino

½ litro di olio d'oliva

IN LAVORAZIONE

Soffriggere aglio e peperoncino in olio d'oliva a fuoco basso. Rimuovili e lascia raffreddare leggermente l'olio.

Aggiungere il filetto di merluzzo, con la pelle rivolta verso l'alto, e cuocere a fuoco basso per 1 minuto. Girare e lasciare per altri 3 minuti. È importante cuocerlo nell'olio, non friggerlo.

Togliere il baccalà, versare gradualmente l'olio fino a quando rimane solo la sostanza bianca (gelatina) rilasciata dal baccalà.

Dopo aver tolto dal fuoco, frullare con alcuni bastoncini o un filtro con movimenti circolari, mescolando gradualmente l'olio decantato. Impastare per 10 minuti senza interrompere la miscelazione.

Al termine, rimettere il merluzzo e mescolare per un altro minuto.

TRUCCO

Per un gusto diverso, aggiungi un osso di prosciutto o qualche erba aromatica nel punto in cui viene fritto il baccalà.

# FONTANA TRASFORMATA DA BIRRA

INGREDIENTI

Pura acciuga senza spine

1 lattina di birra molto fredda

Farina

Olio d'oliva

sale

IN LAVORAZIONE

Mettete la birra in una ciotola e aggiungete la farina, mescolando continuamente con una frusta, fino ad ottenere una consistenza densa che gocciola appena mentre mettete a mollo le acciughe.

Infine friggere in abbondante olio e sale.

TRUCCO

Può essere utilizzato qualsiasi tipo di birra. Sta benissimo con il nero.

# INCHIOSTRO IN INCHIOSTRO

INGREDIENTI

1 kg e mezzo di calamaretti

1 bicchiere di vino bianco

3 cucchiai di salsa di pomodoro

4 sacchetti di nero di seppia

2 cipolle

1 peperone rosso

1 peperone verde

1 foglia di alloro

Olio d'oliva

Sale pepe

IN LAVORAZIONE

Soffriggere la cipolla tritata e il peperone a fuoco basso. Una volta cotti, aggiungete i calamaretti puliti e tritati finemente. Alzare il fuoco e condire.

Bagnatelo con il vino bianco e fatelo intiepidire. Aggiungere la salsa di pomodoro, una bustina di nero di seppia e una foglia di alloro. Coprire e cuocere a fuoco basso fino a quando i calamari saranno teneri.

TRUCCO

Può essere servito con una buona pasta o anche patatine fritte.

# COD CLUB RANERO

INGREDIENTI

Pil-pil di merluzzo

10 pomodorini maturi

4 peperoni chorizo

2 peperoni verdi

2 peperoni rossi

2 cipolle

Zucchero

sale

IN LAVORAZIONE

Cuocere pomodori e peperoni a 180 gradi fino a renderli morbidi.

Una volta arrostiti i peperoni, copriteli per 30 minuti, privateli della pelle e tagliateli a striscioline.

Sbucciare i pomodori e affettarli finemente. Cuocili a vapore con cipolle affettate sottilmente e pasta di peperoni chorizo (ammollati in acqua calda per 30 minuti prima).

Aggiungere i peperoni arrostiti a fette e cuocere per 5 minuti. Aggiustare di sale e zucchero.

Riscaldare la pillola con merluzzo e paprika.

## TRUCCO

Puoi anche fare il peperoncino con la paprika o usarlo come base, merluzzo sopra, salsa con peperoncino. Questo può essere fatto anche con una buona ratatouille.

# SUOLA CON ARANCIO

## INGREDIENTI

4 suole

110 g di burro

110 ml di brodo

1 cucchiaio di prezzemolo fresco tritato

1 cucchiaino di paprika

2 arance grandi

1 limone piccolo

Farina

Sale pepe

## IN LAVORAZIONE

Sciogliere il burro in una padella. Infarinare e condire la sogliola. Friggere nel burro su entrambi i lati. Aggiungere la paprika, il succo di arancia e limone e la carne affumicata.

Cuocere per 2 minuti a fuoco medio fino a quando la salsa si addensa leggermente. Guarnite con prezzemolo e servite subito.

## TRUCCO

Se vuoi estrarre più succo dagli agrumi, scaldali nel microonde per 10 secondi alla massima potenza.

# NASELLO DI RIOJANA

INGREDIENTI

4 filetti di nasello

100 ml di vino bianco

2 pomodori

1 peperone rosso

1 peperone verde

1 spicchio d'aglio

1 cipolla

Zucchero

Olio d'oliva

Sale pepe

IN LAVORAZIONE

Tagliare la cipolla, il peperone e l'aglio a pezzetti. Friggere il tutto in padella a fuoco medio per 20 minuti. Alzate la fiamma, sfumate con il vino e lasciate asciugare.

Aggiungere i pomodori grattugiati e cuocere fino a quando tutta l'acqua sarà sparita. Aggiungere sale, pepe e zucchero se è acido.

Grigliare le costolette finché non sono dorate all'esterno e succose all'interno. Aggiungere alle verdure.

TRUCCO

Salare il nasello 15 minuti prima della cottura per distribuire il sale in modo più uniforme.

# CHOKE CETRIOLO CON SALSA DI FRAGOLE

INGREDIENTI

4 filetti di merluzzo senza sale

400 g di zucchero di canna

200 g di fragole

2 spicchi d'aglio

1 arancia

Farina

Olio d'oliva

IN LAVORAZIONE

Frullare le fragole con il succo d'arancia e lo zucchero. Far bollire per 10 minuti e mescolare.

Tritate l'aglio e fatelo soffriggere in una padella con poco olio. Rimuovi e prenota. Friggere il merluzzo nello stesso olio con la farina.

Servire il merluzzo con la salsa in una ciotola separata e adagiarvi sopra l'aglio.

TRUCCO

La marmellata di arance amare può essere sostituita con le fragole. Quindi devi solo usare 100 g di zucchero di canna.

# TROTA DI MARE

INGREDIENTI

4 trote

½ litro di vino bianco

¼ litro di aceto

1 cipolla piccola

1 carota grande

2 spicchi d'aglio

4 chiodi di garofano

2 foglie di alloro

1 rametto di timo

Farina

¼ litro di olio d'oliva

sale

IN LAVORAZIONE

Trota salata e farina. Friggere in olio per 2 minuti per lato (deve essere crudo all'interno). Rimuovi e prenota.

Bollire le verdure fritte nello stesso grasso per 10 minuti.

Bagno con aceto e vino. Condire con un pizzico di sale, erbe aromatiche e spezie. Cuocere a fuoco basso per altri 10 minuti.

Aggiungere la trota, coprire e cuocere per altri 5 minuti. Togliere dal fuoco e servire una volta raffreddato.

TRUCCO

Questa ricetta è meglio consumata durante la notte. Il resto lo rende ancora più delizioso. Usa gli avanzi per preparare una deliziosa insalata di trote in salamoia.

# Cucito STILE BILBAINE

INGREDIENTI

1 orata da 2 kg

½ litro di vino bianco

2 cucchiai di aceto

6 spicchi d'aglio

1 peperoncino

2 dl di olio d'oliva

sale

IN LAVORAZIONE

Tagliare l'orata, salare, aggiungere un filo d'olio e cuocere a 200°C per 20-25 minuti. Bagno con vino a poco a poco.

Nel frattempo soffriggere l'aglio a fette con il peperoncino in 2 dl di olio. Inumiditela con l'aceto e versatela sull'orata.

TRUCCO

Intagliare significa fare delle incisioni nel pesce per facilitarne la cottura.

# SCAMPI

INGREDIENTI

250 g di gamberi

3 spicchi d'aglio, sfilettati

1 limone

1 peperoncino

10 cucchiai di olio d'oliva

sale

IN LAVORAZIONE

Mettere i gamberi sgusciati in una ciotola, aggiungere abbondante sale e succo di limone. Rimuoverla.

Soffriggere in una padella l'aglio e il peperoncino sfilettati. Aggiungere i gamberi e friggerli per 1 minuto prima che cambino colore.

TRUCCO

Per insaporire ulteriormente, immergere i gamberi in sale e limone per 15 minuti prima di friggerli.

# CONDENSATORE

INGREDIENTI

100 g di merluzzo senza sale in briciole

100 g di cipollotti

1 cucchiaio di prezzemolo fresco

1 bottiglia di birra fresca

Colorazione

Farina

Olio d'oliva

Sale pepe

IN LAVORAZIONE

Mettere in una ciotola il baccalà, il cipollotto e il prezzemolo tritati finemente, la birra, un po' di colorante alimentare, sale e pepe.

Mescolare e aggiungere un cucchiaio di farina, mescolando continuamente, fino ad ottenere un impasto leggermente denso (non liquido) simile al porridge. Lascia raffreddare per 20 minuti.

Friggere in abbondante olio, versando sopra un cucchiaio di pastella. Quando saranno dorate, scolatele e adagiatele su carta assorbente.

TRUCCO

Se non c'è birra, puoi anche fare con la soda.

# DURADO COD

## INGREDIENTI

400 g di merluzzo non salato e schiacciato

6 uova

4 patate medie

1 cipolla

Prezzemolo fresco

Olio d'oliva

sale

## IN LAVORAZIONE

Sbucciare le patate e tagliarle a listarelle. Lavatele accuratamente fino a quando l'acqua non sarà limpida, quindi friggetele in abbondante olio bollente. Condire con sale.

Soffriggere le cipolle tagliate a julienne. Alzate la fiamma, aggiungete il merluzzo tritato e fate cuocere finché non sarà sparito.

Sbattere le uova in una ciotola separata, aggiungere il merluzzo, le patate e le cipolle. Leggermente congelato in padella. Aggiustate di sale e completate con prezzemolo fresco tritato.

## TRUCCO

Dovrebbe essere leggermente cagliato per essere succoso. Le patate non vengono salate fino alla fine in modo che non perdano la loro croccantezza.

# CANCRO BASCO

INGREDIENTI

1 granchio ragno

500 g di pomodori

75 g di prosciutto serrano

50 g di pangrattato fresco (o pangrattato)

25 g di burro

1 bicchiere e mezzo di brandy

1 cucchiaio di prezzemolo

1/8 di cipolla

½ spicchio d'aglio

Sale pepe

IN LAVORAZIONE

Lessare la granseola (1 minuto ogni 100 grammi) in 2 litri di acqua e 140 g di sale. Raffreddare e rimuovere la carne.

Soffriggere la cipolla e l'aglio tritati insieme al prosciutto tagliato a julienne fine. Aggiungere i pomodori grattugiati e il prezzemolo tritato e cuocere fino ad ottenere una polpa asciutta.

Aggiungere la polpa di granseola, coprire con il brandy e flambare. Aggiungere metà delle briciole dal fuoco e farcire la granseola.

Cospargete il resto delle briciole e spalmate il burro tagliato a pezzetti. Cuocere in forno fino a doratura.

TRUCCO

Può anche essere fatto con del buon chorizo iberico e anche farcito con formaggio affumicato.

# Aceto

INGREDIENTI

12 acciughe

300 cl di aceto di vino

1 spicchio d'aglio

Prezzemolo tritato

olio extravergine d'oliva

1 cucchiaino di sale

IN LAVORAZIONE

Disponete le acciughe pulite su un piatto piano con l'aceto diluito con acqua e sale. Refrigerare per 5 ore.

Nel frattempo mettete a soffriggere nell'olio l'aglio e il prezzemolo tritati finemente.

Togliere le acciughe dall'aceto e spennellarle con olio e aglio. Rimettetela in frigo per altre 2 ore.

TRUCCO

Lavare più volte le acciughe fino a quando l'acqua non sarà limpida.

# IL SEGNO DEGLI AGHI

INGREDIENTI

¾ kg di merluzzo senza sale

1 dl di latte

2 spicchi d'aglio

3 dl di olio d'oliva

sale

IN LAVORAZIONE

Scaldare l'olio con l'aglio in una piccola padella a fuoco medio per 5 minuti. Aggiungere il baccalà e cuocere a fuoco molto basso per altri 5 minuti.

Scaldare il latte e metterlo in un bicchiere da frullato. Aggiungere il merluzzo senza pelle e l'aglio. Sbattere fino ad ottenere un impasto fine.

Aggiungere l'olio senza interrompere la lavorazione fino ad ottenere un impasto omogeneo. Salare e gratinare in forno alla massima potenza.

TRUCCO

Può essere consumato su pane tostato e condito con un po' di salsa aioli.

# POLVERE IN ADOBO (BIENMESABE)

INGREDIENTI

Cane da 500 g

1 bicchiere di aceto

1 cucchiaio raso di semi di cumino macinati

1 cucchiaio raso di paprika dolce

1 cucchiaio raso di origano

4 foglie di alloro

5 spicchi d'aglio

Farina

Olio d'oliva

sale


IN LAVORAZIONE

Metti il cane precedentemente tagliato a dadini in un piatto fondo e puliscilo.

Aggiungere una manciata di sale e un cucchiaino di paprika, cumino e origano.

Schiacciare l'aglio con la pelle e aggiungere al contenitore. Spezzettare le foglie di alloro e aggiungere anche quelle. Infine, aggiungi un bicchiere di aceto e un altro bicchiere d'acqua. Lascia riposare durante la notte.

I pezzi di cane vengono essiccati, raffreddati e fritti.

TRUCCO

Se il cumino è appena macinato, aggiungi solo ¼ di cucchiaio. Questo può essere fatto anche con altri pesci, come la rana pescatrice o la coda di rospo.

# AGRUMI E TONNO SIGILLATI

INGREDIENTI

800 g tonno (o palamita fresca)

70 ml di aceto

140 ml di vino

1 carota

1 porro

1 spicchio d'aglio

1 arancia

½ limone

1 foglia di alloro

70 ml di olio

Sale e pepe

IN LAVORAZIONE

Tagliare a rondelle la carota, il porro e l'aglio e rosolarli in poco olio. Quando le verdure si saranno ammorbidite, bagnatele con aceto e vino.

Aggiungere la foglia di alloro e il pepe. Salare e cuocere per altri 10 minuti. Aggiungere la scorza e il succo di agrumi e 4 pezzi di tonno. Cuocere per altri 2 minuti e lasciare riposare, coperto.

TRUCCO

Segui gli stessi passaggi per preparare una deliziosa marinata di pollo. Basta rosolare il pollo prima di aggiungere la marinata e cuocere per altri 15 minuti.

# FIUME DELLA PIOGGIA DEL GRANCHIO

INGREDIENTI

500 g di gamberi

100 g di farina

½ dl di birra fredda

Colorazione

Olio d'oliva

sale

IN LAVORAZIONE

Sgusciare i gamberi senza togliere la coda.

Mescolare la farina, un po' di colorante alimentare e il sale in una ciotola. Mescolate poco alla volta e senza interrompere la cottura.

Afferrare i gamberi per la coda, tuffarli nella pastella precedente e friggerli in abbondante olio. Sfornate quando saranno dorate e adagiatele su carta assorbente.

TRUCCO

Puoi aggiungere 1 cucchiaino di curry o paprika alla farina.

# TONNO AL BASILICO

INGREDIENTI

125 g di tonno sott'olio in scatola

½ litro di latte

4 uova

1 fetta di pane a fette

1 cucchiaio di parmigiano grattugiato

4 foglie di basilico fresco

Farina

Olio d'oliva

Sale pepe

IN LAVORAZIONE

Mescolare il tonno con il latte, le uova, il pane a fette, il parmigiano e il basilico. Aggiungi sale e pepe.

Versare l'impasto in stampini separati, precedentemente imburrati e infarinati e cuocere in forno a 170 gradi per 30 minuti.

TRUCCO

Puoi anche fare questa ricetta con vongole in scatola o sardine.

# SOLE A LA MENIER

INGREDIENTI

6 suole

250 g di burro

50 g di succo di limone

2 cucchiai di prezzemolo tritato finemente

Farina

Sale pepe

IN LAVORAZIONE

Condire e infarinare la sogliola, che è stata ripulita dalla testa e dalla pelle. Friggere a fuoco medio nel burro fuso da entrambi i lati, facendo attenzione a non bruciare la farina.

Rimuovere il pesce e aggiungere il succo di limone e il prezzemolo nella padella. Cuocere per 3 minuti senza smettere di mescolare. Servire il pesce su un piatto con la salsa.

TRUCCO

Aggiungere i capperi per insaporire la ricetta.

# MARRONE DI SALMONE CON CAVA

INGREDIENTI

2 filetti di salmone

½ litro di spumante

100 ml di crema

1 carota

1 porro

Olio d'oliva

Sale pepe

IN LAVORAZIONE

Condire e friggere il salmone su entrambi i lati. Prenotalo.

Tagliare la carota e il porro a bastoncini lunghi e sottili. Friggere le verdure per 2 minuti nello stesso olio del salmone. Inumidire con cava e lasciare ridurre della metà.

Aggiungere la panna, cuocere per 5 minuti, quindi aggiungere il salmone. Cuocere per altri 3 minuti, quindi condire con sale e pepe.

TRUCCO

Puoi cuocere a vapore il salmone per 12 minuti e aggiungerlo a questa salsa.

# PIQUILTOS DI BRANZINO ALLA BILBAÍN

INGREDIENTI

4 spigole

1 cucchiaio di aceto

4 spicchi d'aglio

Peperoni Piquillo

125 ml di olio d'oliva

Sale pepe

IN LAVORAZIONE

Rimuovere il lombo del branzino. Condire con sale e pepe e friggere in una padella a fuoco vivo fino a doratura sopra e succosa all'interno. Tiralo fuori e prenotalo.

Tritare l'aglio e soffriggerlo nello stesso olio del pesce. Bagnalo con l'aceto.

Friggere la paprika nella stessa padella.

Servire il filetto di branzino con la salsa e aggiungere la paprika.

TRUCCO

La salsa Bilbao può essere preparata in anticipo; quindi tutto ciò che devi fare è riscaldare e servire.

# CARBALTI IN VINAIGRETTE

INGREDIENTI

1 kg di cozze

1 bicchierino di vino bianco

2 cucchiai di aceto

1 peperone verde piccolo

1 pomodoro grande

1 cipollotto piccolo

1 foglia di alloro

6 cucchiai di olio d'oliva

sale

IN LAVORAZIONE

Pulire accuratamente i gusci con un nuovo detergente.

Mettere le cozze in una ciotola con il vino e le foglie di alloro. Coprire e cuocere a fuoco alto fino a quando non si aprono. Prenota e scarta un guscio.

Preparare la vinaigrette tritando i pomodori, la cipolla e il peperone. Condire con aceto, olio e sale. Mescolare e versare sui gusci.

TRUCCO

Lasciare riposare durante la notte per rafforzare i sapori.

# MARMITACO

INGREDIENTI

300 g tonno (o palamita)

1 litro di brodo di pesce

1 cucchiaio di chorizo paprika

3 patate grandi

1 peperone rosso grande

1 peperone verde grande

1 cipolla

Olio d'oliva

Sale pepe

IN LAVORAZIONE

Soffriggere la cipolla e il peperone a dadini. Aggiungere un cucchiaio di chorizo pepe e patate sbucciate e affettate. Mescolare per 5 minuti.

Bagnate con il brodo di pesce e quando inizia a bollire salate e pepate. Cuocere a fuoco basso finché le patate non saranno dorate.

Spegnete il fuoco, poi aggiungete il tonno tagliato a dadini e condito. Lasciare riposare per 10 minuti prima di servire.

TRUCCO

Il tonno può essere sostituito con il salmone. Il risultato è sorprendente.

# BOLLE DEL MARE SALATO

INGREDIENTI

1 branzino

600 g di sale grosso

IN LAVORAZIONE

Cuciniamo e puliamo il pesce. Mettere uno strato di sale nel piatto, adagiarvi sopra il branzino e ricoprire con il resto del sale.

Cuocere in forno a 220 gradi fino a quando il sale si indurisce e si rompe. Questo è di circa 7 minuti per ogni 100 g di pesce.

TRUCCO

Il pesce non deve essere cotto sotto sale fino a quando non ha le squame, poiché le squame proteggono la carne dalle alte temperature. Il sale può essere condito con erbe o si può aggiungere albume d'uovo.

# COSTUMI AL VAPORE

INGREDIENTI

1 kg di cozze

1 dl di vino bianco

1 foglia di alloro

IN LAVORAZIONE

Pulire accuratamente i gusci con un nuovo detergente.

Mettere le vongole, il vino e le foglie di alloro nella padella calda. Coprire e cuocere a fuoco alto fino a quando non si aprono. Buttare via non aperto.

TRUCCO

Questo è un piatto molto popolare in Belgio, accompagnato da buone patatine fritte.

# IL MALE IN GALIZIA

INGREDIENTI

4 fette di nasello

600 g di patate

1 cucchiaino di paprika

3 spicchi d'aglio

1 cipolla media

1 foglia di alloro

6 cucchiai di olio extravergine di oliva

Sale pepe

IN LAVORAZIONE

Scaldare l'acqua in una padella; aggiungere le patate a fette, la cipolla, il sale e l'alloro. Cuocere a fuoco basso per 15 minuti fino a quando tutto è morbido.

Aggiungere le fette di nasello condite e cuocere per altri 3 minuti. Scolare le patate e il nasello e mettere tutto in una pentola di terracotta.

Soffriggere in una padella l'aglio affettato o tritato; quando saranno dorate, togliere dal fuoco. Aggiungere la paprika, mescolare e versare la salsa sul pesce. Servire velocemente con poca acqua di cottura.

TRUCCO

È importante che ci sia abbastanza acqua per coprire le fette di pesce e le patate.

# OTTIENI PALLACANESTRO

INGREDIENTI

1 kg di nasello

100 g di piselli lessati

100 g di cipolla

100 g di cozze

100 g di gamberi

1 dl di succo di pesce

2 cucchiai di prezzemolo

2 spicchi d'aglio

8 punte di asparagi

2 uova sode

Farina

Sale pepe

IN LAVORAZIONE

Tagliare il nasello a fette o filetti. Condire e infarinare.

Soffriggere la cipolla e l'aglio tritati finemente in una padella fino a renderli morbidi. Alzate la fiamma, aggiungete il pesce e fatelo rosolare leggermente da entrambi i lati.

Inumidire l'affumicatore e cuocere per 4 minuti, mescolando continuamente la pentola per addensare la salsa. Aggiungere i gamberi sgusciati, gli asparagi, le cozze pulite, i piselli e le uova in quarti. Cuocere per un altro 1 minuto e cospargere con prezzemolo tritato.

## TRUCCO

Salare il nasello 20 minuti prima della cottura per distribuire il sale in modo più uniforme.

# COLTELLI CON AGLIO E LIMONE

INGREDIENTI

2 dozzine di coltelli

2 spicchi d'aglio

2 rametti di prezzemolo

1 limone

olio extravergine d'oliva

sale

IN LAVORAZIONE

Mettete i cannolicchi in una ciotola di acqua fredda e salateli la sera prima per pulirli dai residui di sabbia.

Scolare, mettere in una padella, coprire e cuocere a fuoco medio finché non si aprono.

Nel frattempo, tritare i rametti di aglio e prezzemolo e mescolare con succo di limone e olio d'oliva. Immergere i cannolicchi in questa salsa.

TRUCCO

Sono deliziosi con salsa olandese o bernese (pagg. 532-517).

# VIA BUDINO

INGREDIENTI

500 g di scorfano senza testa

125 ml di salsa di pomodoro

¼ l di panna

6 uova

1 carota

1 porro

1 cipolla

Briciole di pane

Olio d'oliva

Sale pepe

IN LAVORAZIONE

Lessare lo scorfano con le verdure pulite e tritate finemente per 8 minuti. Per il sale.

Sbriciolare la polpa dello scorfano (senza pelle e lische). Mettere in una ciotola con le uova, la panna e la salsa di pomodoro. Mescolare e condire con sale e pepe.

Ungere la forma e cospargere di pangrattato. Riempire con l'impasto precedente e cuocere in forno a 175 gradi per 50 minuti o fino a quando una puntura di spillo esce pulita. Servire freddo o tiepido.

TRUCCO

Potete sostituire lo scorfano con qualsiasi altro pesce

# MONDFISH CON CREMA SOFFICE ALL'AGLIO

INGREDIENTI

4 piccole code da diavolo

50 g di olive nere

400 ml di crema

12 spicchi d'aglio

Sale pepe

IN LAVORAZIONE

Lessare l'aglio in acqua fredda. Quando iniziano a bollire, tirali fuori e versa l'acqua. Ripeti la stessa azione 3 volte.

Quindi cuocere con la pelle d'aglio a fuoco basso per 30 minuti.

Asciugare le olive snocciolate nel microonde. Girali attraverso un mortaio e un pestello fino a ottenere la polvere di olive.

Condisci e cuoci il pesce diavolo a fuoco alto finché non è succoso all'esterno e dorato all'interno.

Condire la salsa. Servire la rana pescatrice da un lato con la salsa e la polvere di olive.

## TRUCCO

Il gusto di questa salsa è morbido e delizioso. Se è molto liquida, cuocere ancora per qualche minuto. Se invece è molto denso, aggiungete un po' di panna liquida calda e mescolate.

# NASELLO AL SIDRO CON COMPOSTA DI MELE ALLA MENTA

INGREDIENTI

4 nasello

1 bottiglia di sidro

4 cucchiai di zucchero

8 foglie di menta

4 mele

1 limone

Farina

Olio d'oliva

Sale pepe

IN LAVORAZIONE

Condire il nasello e la farina e friggere in poco olio caldo. Tiralo fuori e mettilo su una teglia.

Sbucciate la mela, affettatela sottilmente e poi mettetela in padella. Immergere nel sidro e infornare per 15 minuti a 165ºC.

Sbucciare le mele e togliere la salsa. Mescolare con zucchero e foglie di menta.

Servire il pesce con la composta.

## TRUCCO

Un'altra versione della stessa ricetta. Infarinare e arrostire il nasello, poi metterlo in una casseruola con le mele e il sidro. Cuocere a fuoco basso per 6 minuti. Togliere il nasello e far sobbollire la salsa. Quindi mescolare con menta e zucchero.

# Salmone marinato

INGREDIENTI

Filetto di salmone da 1 kg

500 g di zucchero

4 cucchiai di aneto tritato

500 g di sale grosso

Olio d'oliva

IN LAVORAZIONE

Mescolare il sale con lo zucchero e l'aneto in una ciotola. Posizionare la metà sul fondo della teglia. Aggiungere il salmone e coprire con l'altra metà del composto.

Refrigerare per 12 ore. Rimuovere e risciacquare con acqua fredda. Sfilettare e spennellare con olio.

TRUCCO

Puoi condire il sale con erbe o spezie (zenzero, chiodi di garofano, curry, ecc.).

# FORMAGGIO BLU DI PISTANO

INGREDIENTI

4 trote

75 g di formaggio erborinato

75 g di burro

40 cl panna liquida

1 bicchierino di vino bianco

Farina

Olio d'oliva

Sale pepe

IN LAVORAZIONE

Scaldare il burro in una padella con un filo d'olio. Friggere la trota salata nella farina per 5 minuti su entrambi i lati. Prenotalo.

Versare il vino e il formaggio nel grasso rimasto dalla frittura. Cuocere fino a quando il vino è quasi sparito e il formaggio è completamente sciolto.

Aggiungere la panna e cuocere fino a raggiungere la consistenza desiderata. Aggiungi sale e pepe. Trota al sugo.

TRUCCO

Prepara una salsa di formaggio blu agrodolce sostituendo la scorza con succo d'arancia fresco.

# TATAKI DI TONNO AL VAPORE DI SOIA

## INGREDIENTI

1 filetto di tonno (o salmone)

1 bicchiere di soia

1 bicchiere di aceto

2 cucchiai colmi di zucchero

Buccia di 1 arancia piccola

Aglio

sesamo tostato

Zenzero

## IN LAVORAZIONE

Pulite bene il tonno e tagliatelo a barrette. Rosolare leggermente su tutti i lati in una padella molto calda e raffreddare immediatamente in acqua ghiacciata per terminare la cottura.

Mescola soia, aceto, zucchero, scorza d'arancia, zenzero e aglio in una ciotola. Aggiungere il pesce e marinare per almeno 3 ore.

Cospargere con semi di sesamo, tagliare a fettine e servire.

## TRUCCO

Per evitare l'anisaki, questa ricetta deve essere preparata in anticipo con pesce surgelato.

# PRENDI UNA TORTA

INGREDIENTI

1 kg di nasello

1 litro di panna

1 cipolla grande

1 bicchiere di grappa

8 uova

Pomodori al forno

Olio d'oliva

Sale pepe

IN LAVORAZIONE

Tagliare la cipolla a julienne e soffriggerla in padella. Quando è morbido, aggiungi il nasello. Cuocere fino a cottura ultimata e friabile.

Quindi aumentare il fuoco e versare altro brandy. Fate raffreddare e aggiungete dei pomodorini.

Togliere dal fuoco e aggiungere le uova e la panna. Sminuzza tutto. Condire a piacere e modellare. Cuocere in forno a 165 gradi per almeno 1 ora o fino a quando uno stecchino inserito esce pulito.

TRUCCO

Servire con salsa rosa o tartara. Può essere fatto con qualsiasi pesce bianco disossato.

# PEPERONI RIPIENI SUL PEZZO PRINCIPALE

INGREDIENTI

250 g di merluzzo senza sale

100 g di gamberi

2 cucchiai di pomodori arrostiti

2 cucchiai di burro

2 cucchiai di farina

1 barattolo di peperoni piquillo

2 spicchi d'aglio

1 cipolla

Marca

Olio d'oliva

Sale pepe

IN LAVORAZIONE

Versare l'acqua sul merluzzo e cuocere per 5 minuti. Togliere e mettere da parte l'acqua di cottura.

Soffriggere le cipolle e gli spicchi d'aglio tritati. Sbucciare i gamberi e aggiungere i gusci nella padella delle cipolle. Friggere bene. Alzate la fiamma e aggiungete una spruzzata di brandy e pomodori arrostiti. Lavare il merluzzo con acqua bollente e cuocere per 25 minuti. Mescolare e filtrare.

Soffriggere i gamberi tritati e metterli da parte.

Far sobbollire la farina nel burro per circa 5 minuti, aggiungere il brodo filtrato e cuocere per altri 10 minuti continuando a sbattere.

Aggiungere il merluzzo tritato e i gamberi al vapore. Aggiustate di sale e pepe e fate raffreddare.

Riempire i peperoni con l'impasto precedente e servire.

### TRUCCO

La salsa perfetta per questi peperoni è la Biscaglia (vedi Brodi e Salse).

# BRANI

INGREDIENTI

1 kg di calamari interi

150 g di farina di frumento

50 g di farina di ceci

Olio d'oliva

sale

IN LAVORAZIONE

Pulite bene i calamari, privateli del guscio esterno e pulite bene l'interno. Tagliatele a strisce sottili nel senso della lunghezza, non della larghezza. Per il sale.

Mescolare insieme la farina di frumento e la farina di ceci, quindi i calamari con il composto di farina.

Scaldare bene l'olio e friggere gli anelli di seppia poco alla volta fino a doratura. Servire subito.

TRUCCO

I calamari vengono salati 15 minuti prima e fritti in olio molto caldo.

# SOLDATI DI PAVIA

INGREDIENTI

500 g di merluzzo senza sale

1 cucchiaio di origano

1 cucchiaio di semi di cumino macinati

1 cucchiaio di colorante alimentare

1 cucchiaio di paprika

1 bicchiere di aceto

2 spicchi d'aglio

1 foglia di alloro

Farina

olio caldo

sale

IN LAVORAZIONE

Mescolare in una ciotola l'origano, il cumino, la paprika, l'aglio schiacciato, l'aceto e un altro bicchiere d'acqua, quindi condire con un pizzico di sale. Marinare il baccalà senza sale tagliato a listarelle per 24 ore.

Mescolare il colorante alimentare e la farina insieme. Infarinate gli straccetti di merluzzo, scolateli e friggeteli in abbondante olio caldo.

TRUCCO

Servire subito in modo che l'interno sia succoso e l'esterno croccante.

# RACHELLA

INGREDIENTI

125 g di gamberi crudi

75 g di farina di frumento

50 g di farina di ceci

5 fili di zafferano (o colorante)

¼ di cipollotto

Prezzemolo fresco

olio extravergine d'oliva

sale


IN LAVORAZIONE

Avvolgete lo zafferano in un foglio di alluminio e fatelo tostare in forno per qualche secondo.

Mescolare la farina, il sale, lo zafferano in polvere, lo scalogno tritato, il prezzemolo tritato, 125 ml di acqua molto fredda e i gamberi in una ciotola.

Friggete a cucchiaiate la pasta srotolata in abbondante olio. Lasciare finché non saranno ben dorati.


TRUCCO

Mescolare l'impasto con un cucchiaio fino a ottenere una consistenza simile allo yogurt.

# TROTA NAVARRA

INGREDIENTI

4 trote

8 fette di prosciutto serrano

Farina

Olio d'oliva

sale

IN LAVORAZIONE

Aggiungere 2 fette di prosciutto serrano a ogni trota pulita ed eviscerata. Condire con farina e sale.

Friggere in abbondante olio e togliere il grasso in eccesso su carta assorbente.

TRUCCO

La temperatura dell'olio dovrebbe essere moderatamente alta in modo che non bruci solo all'esterno e il calore non raggiunga il centro del pesce.

# SALMONE CON AVOCADO AL SECCHIO

## INGREDIENTI

500 g di salmone senza lische e pelle

6 capperi

4 pomodori

3 cetrioli sottaceto

2 avocado

1 cipollotto

Succo di 2 limoni

Tabasco

Olio d'oliva

sale

## IN LAVORAZIONE

Sbucciare e detorsolare i pomodori. Scolare l'avocado. Tritare tutti gli ingredienti il più finemente possibile e mescolare in una ciotola.

Condire con succo di limone, qualche goccia di Tabasco, olio d'oliva e sale.

## TRUCCO

Questo può essere fatto con salmone affumicato o pesce simile come la trota.

# GALIZIA Capesante

INGREDIENTI

8 conchiglie

125 g di cipolla

125 g di prosciutto serrano

80 g di pangrattato

1 cucchiaio di prezzemolo fresco

½ cucchiaino di paprika dolce

1 uovo sodo, tritato

IN LAVORAZIONE

Tagliate la cipolla a pezzetti e fate sobbollire a fuoco basso per 10 minuti. Aggiungere il prosciutto tagliato a dadini e soffriggere per altri 2 minuti. Aggiungere la paprika e cuocere per altri 10 secondi. Tiralo fuori e lascialo raffreddare.

Una volta raffreddato, metterlo in una ciotola e aggiungere il pangrattato, il prezzemolo tritato e l'uovo. Si mescola.

Farcire le capesante con il composto precedente, adagiarle su una placca e infornare a 170° per 15 minuti.

TRUCCO

Per risparmiare tempo, preparali e cucinali il giorno in cui ne hai bisogno. Può essere fatto con capesante e persino ostriche.

www.ingramcontent.com/pod-product-compliance
Lightning Source LLC
Chambersburg PA
CBHW070405120526
44590CB00014B/1262